Bob Etherington

Präsentieren für Angsthasen

Aus dem Englischen von Carsten Roth

WILEY-VCH

WILEY-VCH Verlag GmbH & Co. KGaA

1. Auflage 2011

Alle Bücher von Wiley-VCH werden sorgfältig erarbeitet. Dennoch übernehmen Autoren, Herausgeber und Verlag in keinem Fall, einschließlich des vorliegenden Werkes, für die Richtigkeit von Angaben, Hinweisen und Ratschlägen sowie für eventuelle Druckfehler irgendeine Haftung.

Bibliografische Information der Deutschen Nationalbibliothek
Die Deutsche Nationalbibliothek verzeichnet diese Publikation in der Deutschen Nationalbibliografie; detaillierte bibliografische Daten sind im Internet über http://dnb.d-nb.de abrufbar.

Das englische Original erschien 2009 unter dem Titel »Presentation Skills for Quivering Wrecks« bei Cyan/Marshall Cavendish.

Copyright © Bob Etherington 2009

Copyright licensed by Marshall Cavendish International

First published by Cyan/Marshall Cavendish

This translation published under license.

© 2011 WILEY-VCH Verlag GmbH & Co. KGaA, Boschstr. 12, 69469 Weinheim, Germany

Alle Rechte, insbesondere die der Übersetzung in andere Sprachen, vorbehalten. Kein Teil dieses Buches darf ohne schriftliche Genehmigung des Verlages in irgendeiner Form – durch Fotokopie, Mikroverfilmung oder irgendein anderes Verfahren – reproduziert oder in eine von Maschinen, insbesondere von Datenverarbeitungsmaschinen, verwendbare Sprache übertragen oder übersetzt werden. Die Wiedergabe von Warenbezeichnungen, Handelsnamen oder sonstigen Kennzeichen in diesem Buch berechtigt nicht zu der Annahme, dass diese von jedermann frei benutzt werden dürfen. Vielmehr kann es sich auch dann um eingetragene Warenzeichen oder sonstige gesetzlich geschützte Kennzeichen handeln, wenn sie nicht eigens als solche markiert sind.

Printed in the Federal Republic of Germany

Gedruckt auf säurefreiem Papier.

Satz K+V Fotosatz GmbH, Beerfelden
Druck und Bindung AALEXX, Großburgwedel
Umschlaggestaltung init GmbH, Bielefeld

ISBN: 978-3-527-50561-6

Bob Etherington

Präsentieren für Angsthasen

Inhalt

Kapitel 1
Einführung 7

Kapitel 2
Die Kunst des »Sich-keine-Sorgen-Machens«
für Angsthasen 23

Kapitel 3
Rechtzeitige Vorbereitung verhindert
schlechte Präsentationen 37

Kapitel 4
Die Sprache der Pantomime – fast 93

Kapitel 5
»Ich bin ein großer Manager und kein Schauspieler«
... damit liegen Sie leider falsch 103

Kapitel 6
»Ach ja ... wahrscheinlich können Sie das
ganz da hinten gar nicht lesen« 111

Kapitel 7
Über Nacht wird alles gut 139

Kapitel 8
Vom Umgang mit pathologisch schwierigen Menschen 147

Über den Autor 153

Präsentieren für Angsthasen. Bob Etherington
Copyright © 2011 WILEY-VCH Verlag GmbH & Co. KGaA, Weinheim
ISBN: 978-3-527-50561-6

Kapitel 1
Einführung

Wenn man eine Rede hält, dann gibt es eigentlich drei Reden: die Rede, die man vorbereitet hat, die Rede, die man gehalten hat und die Rede, von der man wünschte, dass man sie gehalten hätte.

Dale Carnegie

»Test ... Test, eins ... zwei ... drei ... (poch, poch) funktioniert das Mikrofon? ... großartig ... äh! ... Ja ... Guten Tag, lieber Leser ... können Sie mich gut hören? ... Großartig ... ja ... Ich werde Ihnen heute etwas über Präsentationen erzählen ... mit anderen Worten über öffentlich gehaltene freie Reden ... im Rahmen von Tagungen, Versammlungen, Konferenzen unterschiedlicher Größe, Trainings-Workshops und bei allen möglichen Gelegenheiten.

Darüber habe ich in Bibliotheken viel recherchiert, in Buchhandlungen und auch im Internet auf nahezu jeder Website zum Thema öffentliche Reden. Es kam mir damals so vor, als ob öffentliches Reden die Angst Nummer eins der Menschen wäre. ... Daraufhin habe ich immer wieder die aktuellen Verzeichnisse lieferbarer Bücher durchsucht und ich muss gestehen, dass ich irgendwann nichts mehr dazu gefunden habe. Vielleicht gab es solche Ängste und Bücher darüber zu einer bestimmten Zeit gehäuft, das hat sich aber geändert und mittlerweile gibt es nichts mehr darüber. Also scheint alles so weit in Ordnung zu sein!

Es gibt also nichts, worüber man sich Sorgen machen müsste ... Sie können dieses Buch wieder ins Regal zurückstellen und die Buchhandlung verlassen, damit Sie rechtzeitig Ihren Flieger erreichen oder weiter einkaufen können oder was Sie sich für heute sonst noch vorgenommen haben. Vorträge vor Kollegen, vor Ihren Mitarbeitern, vor Kunden und Geschäftspartnern existieren nicht

Präsentieren für Angsthasen. Bob Etherington
Copyright © 2011 WILEY-VCH Verlag GmbH & Co. KGaA, Weinheim
ISBN: 978-3-527-50561-6

mehr. Redner im geschäftlichen Bereich sind urplötzlich völlig angstfrei geworden. Zumindest jedoch haben sie inzwischen das Geheimnis guter und freier Kommunikation entdeckt. Ihre visuellen Hilfsmittel sind übersichtlich und man kann sie leicht im Gedächtnis behalten. Ihre Worte begeistern, sie können verkaufen, motivieren und ...« (Nun, jetzt reicht es aber – die Lektorin.) Tatsache ist jedoch, dass 95 Prozent aller geschäftlichen Präsentationen, weltweit, immer noch schlecht sind, die meisten sogar grottenschlecht. Und meine eigenen Recherchen belegen eindeutig, dass folgende Tatsachen immer noch Bestand haben:

1. Die meisten Zuhörer haben nur ein einziges Ziel: den Saal so schnell wie nur möglich wieder zu verlassen.
2. Die meisten, die Präsentationen halten, haben nur ein einziges Ziel: so schnell wie möglich vom Rednerpult wegzukommen.

Menschen, die Präsentationen halten müssen, fürchten die Bühne so sehr, dass sie im Allgemeinen versuchen, sie so lange zu ignorieren, bis sie gar nicht mehr anders können, als vor die Zuhörer zu treten. Ich saß einmal mit einigen Kollegen in einem Flugzeug in London Heathrow, kurz vor dem Start nach Athen, wo eine wichtige europäische Konferenz für Vertriebsmanager stattfand. Einer von ihnen, ein leitender Manager und (widerwilliger) Redner saß mir gegenüber, quer über dem Mittelgang. Er hatte eine Mappe mit Papier auf den Knien liegen. »Ist das deine Präsentation, Jim? Wie sieht es denn aus?«, fragte ich. »Oh ja«, antwortete er (und lachte nervös dabei), »aber ich bin damit noch nicht ganz fertig ... wird schon in Ordnung gehen!« Als wir zum Anfang der Startbahn gerollt waren und startbereit waren, bemerkte ich, dass er nach den Worten »Guten Morgen, liebe Zuhörer« oben auf das leere Blatt geschrieben hatte: »Es war ein sehr arbeitsreiches Jahr ...«

Etwa drei Stunden später, als wir in Athen landeten, sah ich noch einmal hinüber. Die Mappe lag immer noch auf seinen Knien. Mit seinem Manuskript war er immer noch nicht weiter gekommen als bis zu »Es war ein sehr arbeitsreiches Jahr ...« Es war vorherzusehen, wie sich sein Vortrag am nächsten Tag anhören würde. Es würde ein fürchterlicher Schlamassel werden. Doch die

Mehrzahl der anderen Vorträge würde sich davon nicht großartig unterscheiden.

Ich habe herausgefunden, dass die meisten Redner, genau wie mein Kollege Jim, die ganze Sache bis zum Tag vor dem Event verdrängen. Der Präsentierende, bereits in einem unterdrückten Zustand der Panik, ordnet dann in blindem Entsetzen die Folien auf seinem Laptop. Er blättert sie durch, während er dabei irgendetwas vor sich hin murmelt. Wahrscheinlich das, was er am nächsten Tag dazu sagen will. Irgendwie scheint er eine Vision von Churchill im Sinn zu haben, so als ob er über Nacht zu einem brillanten Redner mutieren könnte. Diese gemurmelte Proberede wird dann auch nur zur Hälfte fertig und letztlich in den meisten Fällen aufgegeben, wenn das Trugbild sich völlig entwickelt hat. Meist kommt es dann zum üblichen zuversichtlichen »Ach was, ich lasse es ... Morgen früh gehe ich die Rede noch einmal durch«, und das ist es dann.

Und dann kommt die Nacht.

Der neue Tag bricht an und bis dahin ist spätestens auch die Metamorphose in einen echten Angsthasen vollendet.

Über Nacht wird schon alles in Ordnung kommen

Die berühmten, oft artikulierten Worte zahlloser erschöpfter Direktoren vor ungeprobten, amateurhaften und dramatischen Auftritten lauten:»Über Nacht wird das schon alles in Ordnung kommen!« Allerdings kommt das niemals, wirklich niemals vor. Und die meisten Vertreter großer Unternehmen verhalten sich so amateurhaft, dass man das Ergebnis der Rede schon vorhersagen kann.

Ja, überall fürchten Geschäftsleute noch immer ihre eigenen amateurhaften Präsentationen. Deshalb sind die Veranstaltungen, zu denen sie geschickt werden, normalerweise eine geradezu skandalöse Verschwendung von Zeit, Geld und Chancen. Zuweilen sind Präsentationen sehr nützlich und äußerst überzeugende Mittel der Kommunikation. Wenn sie aber von nicht ausgebildeten oder untalentierten Personen einfach mal so gehalten werden, dann werden sie im Allgemeinen schlecht entwickelt und noch schlechter vorgetragen. Trotz alledem unternimmt niemand irgendetwas dagegen, nirgendwo!

Das ist der Moment, in dem ICH einschreite.
Ich werde mit Ihnen arbeiten und Ihnen zeigen, wie Sie ein guter Redner werden. Beachten Sie, ich habe nicht gesagt ein »brillanter« oder »großartiger« oder »wunderbarer« Redner. Es reicht völlig aus ein »guter« Redner zu werden, um Ihr Berufsleben in sagenhafter Weise zu verändern.

Was heißt das also? ... Weshalb sollte gerade ich ...?

Ich werde es Ihnen sagen.

Ich werde Ihnen eine Reihe einfacher Tipps geben, mit deren Hilfe Sie ganz einfach

- zu wertvoll werden, als dass Sie zu Ihrem derzeitigen Gehalt an Ihrem derzeitigen Arbeitsplatz bleiben könnten.
- von Ihren Freunden und Kollegen beneidet werden.
- regelmäßig zu exotischen Reisezielen eingeladen werden und zumindest in der Business-Class, wenn nicht sogar in der ersten Klasse fliegen.
- sehr oft ehrlichen Beifall der Zuhörer erleben werden, die wünschten, sie hätten Ihnen noch länger zuhören dürfen.
- ausgewählt werden, um einflussreichen Menschen zu helfen, deren Botschaften zu vermitteln.
- ein höheres Gehalt und bessere Arbeitsbedingungen angeboten bekommen, nur damit Sie bleiben, falls Sie drohen zu kündigen.
- Ihre Wettbewerber übertreffen, wenn Sie bei der gleichen Veranstaltung vor potenziellen Kunden sprechen.
- Ihr Leben genießen und nicht mehr so hart arbeiten müssen.

Gute Redner sind so selten, dass all diese Dinge *ganz einfach* auf Sie zukommen können, *wenn* Sie das tun, was ich Ihnen zeigen werde. Ich benutze keine Superlative wie brillant oder exzellent um das Niveau zu beschreiben, das Sie anstreben müssen. Gut reicht völlig aus, ganz einfach, weil 95 Prozent der Redner im Geschäftsleben normalerweise so unglaublich schlecht sind.

Sagen Sie Ihren Mitarbeitern »In der nächsten Woche möchte ich, dass Sie auf einer großen Tagung eine Präsentation halten«, und den meisten wird sich der Magen zusammenziehen. Die Beine werden zittern ... der Puls wird rasen ... die Handflächen werden feucht ... die Stimme versagt ... Selbstvertrauen und Wohlbefinden werden zusammenbrechen ... die meisten werden zu absoluten Angsthasen. Wenn es Ihnen auch so geht, dann ist das ganz normal. Ich kann aber sehr viel dafür tun, damit Sie nicht mehr so viel Angst haben und wirklich, die Lösung ist so einfach, dass Sie selbst sagen werden: »Wenn ich gewusst hätte, dass es so einfach ist, dann hätte ich es schon vor Jahren getan.«

Es gibt auch noch andere Dinge, etwa den Aufbau einer Präsentation, die Analyse des Publikums, die Körpersprache, die Tonlage, den Vortrag selbst, den Einsatz von Notizen, Schaubilder und andere visuelle Hilfen, den Umgang mit Fragen, wie man Beifall provoziert, wie man mit schwierigen Menschen umgeht, die Vorbereitung und das Verhalten auf dem Podium – sie alle werden in diesem Buch behandelt. Diese Dinge werden für Sie schnell ganz natürlich sein, so wie es bei einigen anderen großen Rednern des 20. Jahrhunderts der Fall war: Präsident John F. Kennedy, Martin Luther King, Nikita Chruschtschow und Sir Winston Churchill. Sie alle benutzten diese Methoden und Techniken, die ich Ihnen auf den folgenden Seiten erklären werde. Das gilt auch für das 21. Jahrhundert, denn wenn Sie sich umsehen, dann werden Sie mit mir übereinstimmen, dass die erfolgreichsten Menschen sich als höchst kommunikative Menschen erweisen – und schon bald werden auch Sie dazugehören.

Vermitteln Sie den Menschen den Eindruck, Sie würden härter arbeiten, als Sie es wirklich tun

Stellen Sie sich für einen Moment vor, wie Sie sich fühlen würden, wenn Sie eine gute Präsentation halten würden. Alle anderen auf der bisherigen Rednerliste haben das Übliche getan: »Guten Morgen ... heute werde ich über XYZ sprechen ... (Gähn ... gähn ... wann können wir endlich gehen? – 25 nervtötende Minuten vergehen – dann, Gott sei Dank) ... nun, ich denke, das war es dann ... außer jemand von Ihnen hat noch irgendwelche ... äh ... gut ... äh, nein? ... OK, ich denke, es wird Zeit für eine Pause. Vielen Dank ... ja.«

Dann plötzlich ... sofort nach dem Mittagessen, in der »Zeit der Friedhofsruhe«, wenn jeder im Publikum erschöpft ist, weil der Vormittag so schrecklich war, oder von den Kohlenhydraten des Mittagessens betäubt ist ... dann kommen ... **Sie**!«
Originell ... munter ... einprägsam ... gut hörbar ... mit aussagekräftigen Schaubildern ... mit einer provozierenden Eröffnung ... prägnant und richtungsweisend ... hervorragenden Fragen und Antworten, mit einem unerwartet kraftvollen Schlusswort. Und was hören wir außerdem? Applaus? Ist das Applaus? Aber niemand applaudiert unseren inneren Gefühlen (*Sie glauben kaum, dass Sie das tatsächlich auch mit Ihrer Rhetorik bewirkt haben – doch dazu später mehr!*).

Glauben Sie nicht auch, dass dieses Gefühl, das Sie dann empfinden, eigentlich unvorstellbar ist? Ein seltener und unvergesslicher Augenblick, in dem alles richtig für Sie zu laufen scheint. Sicherlich gibt es viele Fragen und wahrscheinlich wird es nicht immer so positiv laufen, aber als anerkannter und aufstrebender »guter« Redner wird Ihr Berufsleben sich ganz dramatisch zum Besseren wenden und das durch einen wirklich nur geringfügigen Mehraufwand! Garantiert!

Weshalb ich das weiß? Weil es auch mir so ergangen ist. Und weil, wie die Gurus des Lifestyle zu sagen pflegen, »Erfolg Spuren hinterlässt«. Ich werde Ihnen zeigen, was ich gemacht habe (und immer noch mache), was mich als professionellen Redner in die ganze Welt gebracht und mir viel Geld und berufliche Zufriedenheit eingebracht hat. Ich werde Ihnen auch mehr geben als nur einige »Hinweise«. Ich werde Ihnen genau zeigen, was man tun muss, um als professioneller Redner ein grandioses Berufsleben erleben zu können.

Es spielt keine Rolle, ob Sie Ihre Brötchen als Buchhalter, Verwaltungsangestellter, Zahnarzt, Verkäufer, Ingenieur, Lokomotivführer, Model, Leiter der Logistik, Seemann, Erdölförderer oder in einem anderen Beruf verdienen. Für alle gilt die gleiche Technik. Mir macht es nichts aus, wenn Sie nach der Lektüre dieses Buches sagen: »Das ist alles schön und gut, aber in meiner Firma ist das ganz anders. Wir haben Richtlinien, nach denen wir unsere Präsentationen halten müssen.« Tja, muss ich Ihnen da entgegnen, Sie würden das Buch nun aber eigentlich gar nicht lesen, wenn Sie nicht das Gefühl hätten, dass Sie Probleme haben, was Präsentationen betrifft.

Früher arbeitete ich für genau so ein großes internationales Unternehmen, in dem man glaubte, dass man den leitenden Angestellten einen Weg vorschreiben müsste, wie bei einer Präsentation vorzugehen sei. Alljährlich hielt man eine große internationale Managementkonferenz ab. Und jedes Jahr fand diese Konferenz in einer anderen großen Hauptstadt statt. Wir, die Vortragenden, wurden gründlich darin geschult, was von uns erwartet wurde. Besonders mein Chef hielt mir immer schon einige Monate zuvor eine »Gardinenpredigt«. »OK. Wir alle wissen, dass Sie gut vortragen können. Aber dieses Mal möchte ich nichts von Ihrem üblichen Zeug hören! OK? ... Präsentieren Sie nur die Fakten. Sagen Sie ihnen, was bei uns läuft, das ist alles. Keine Witze. Keine lustigen Sachen. Keine »superschlauen« Schaubilder. Halten Sie sich streng an die Form, die in unserem Unternehmen die Regel ist. Habe ich mich deutlich genug ausgedrückt? ... Habe ich es deutlich genug gesagt? ... Und zeigen Sie mir die Schaubilder, bevor Sie sie verwenden, und außerdem will ich das Manuskript Ihres Vortrags lesen, bevor wir losfahren!«

Und so ging ich jedes Jahr los und bereitete die Präsentation vor: Die Präsentation »A« ... das war die Präsentation, die ich an diesem Tag **nicht** halten würde. Das war ganz einfach eine Täuschung, damit ich ihn (meinen Chef) mir vom Hals halten konnte. Gleichzeitig bereitete ich, parallel dazu, eine Präsentation »B« vor ... diejenige, die ich tatsächlich halten würde. Mein Chef bekam sie zuvor nie zu Gesicht. Sie war gründlich durchdacht und erprobt.

Ich hielt alle Regeln der professionellen Rhetorik ein (die Sie in diesem kleinen Band ebenfalls erlernen werden). Das entsprach den Vorschriften des Unternehmens in keinerlei Hinsicht ... nun, vielleicht war das Logo des Unternehmens auf dem ersten Schaubild richtig, aber das war dann auch schon alles.

Und jedes Mal, wenn wir zur Jahreshauptversammlung gingen, passierte Folgendes. Ich wurde regelmäßig als Letzter vor dem Mittagessen oder als Erster nach dem Mittagessen auf die Rednerliste gesetzt. Als »guter« Redner hatte ich mir einen »guten Ruf« erworben und kein anderer Redner wollte an diesem Tag direkt nach mir seinen Vortrag halten. Ich habe eben gesagt, ich sei kein »großartiger« Redner. Ich war (und bin immer noch) ganz einfach »gut« – und das war für die anderen immer noch furchteinflößend genug. Vor mir kam immer die übliche schreckliche Liste wenig einprägsamer und geklonter Präsentationen – Aufzählungen, grobschnittige Cliparts, Monotonie, Gemurmel – der reine »Tod durch Powerpoint«. Das Publikum, etwa 350 Spitzenmanager aus der ganzen Welt, langweilte sich bereits zu Tode und sehnte nur noch den Abend herbei, um im informellen Umfeld zusammen ein wenig Spaß zu haben. Niemand konnte die schreckliche und teure Realität dieser Veranstaltungen leugnen. (Ganz nebenbei: Mitte der 1990er-Jahre rechneten wir mit 5000 Dollar pro Teilnehmer. Das waren insgesamt 1,75 Millionen Dollar – ungefähr 1,5 Millionen Euro – je Veranstaltung. Nur der liebe Gott weiß, wie viele vergleichbare Veranstaltungen stattfinden, während Sie gerade dieses Buch lesen, und wie teuer sie heute sind.) Und regelmäßig, etwa 15 Minuten bevor ich an der Reihe war, nahm mein Chef mich wieder zur Seite und flüsterte: »Das läuft nicht gut. Wir hätten uns das mit den Reden sparen sollen ... wir könnten ebenso gut ein paar Paletten Bierdosen in den Saal karren und alle würden darum herumstehen und drei Tage lang plaudern ... das ist alles, was sie wollen. ... Sie schlafen wirklich bald ein. Ich weiß nicht, weshalb wir diese Plenarsitzungen überhaupt machen. Der Vorstand ist wütend! Ich hoffe, Sie ziehen noch irgendein Ass aus dem Ärmel, das alle aufwecken wird!«

Und haargenau das machte ich ... ich lieferte die Präsentation »B« dieses Jahres – die alljährlich fast garantiert zu »Standing Ovations« führte. War ich großartig? ... Nein, nur »gut«. Und »gut« zu sein war immer noch mehr als ausreichend. Das Problem war nur, dass bis zum nächsten Jahr alles wieder vergessen war, ich mir schon mindestens einen Monat zuvor die üblichen Drohungen und Anweisungen anhören musste und gezwungen war, wieder auf das alte »A–B«-Ritual zurückzugreifen. Meine Kollegen, die ebenfalls vortragen mussten, standen in Reih' und Glied und hielten dauernd wieder die alten und immer gleichen Vorträge. Ich machte das nicht. Niemals.

Und so, trotz aller Warnungen und wiederholten Gardinenpredigten, flog ich oft mit der Concorde, reiste erster Klasse mit dem geschäftsführenden Vorstand, um ihn bei seinen Präsentationen in den USA, in Asien und in Europa zu unterstützen. Man bettelte geradezu, dass ich meinen dreijährigen Arbeitsvertrag für New York um zwei Jahre verlängerte. Ich erhielt Bonuszahlungen, um mich bei guter Laune zu halten. Das Unternehmen stellte mir einen Jaguar als Dienstwagen zur Verfügung. Man bezahlte mir Urlaubsaufenthalte in Südafrika, auf Hawaii, in Singapur, in Tokio und in Hongkong. Ich bekam Aktien des Unternehmens zugeteilt, bevor sie emittiert wurden. Kein Wunder, dass ich eine sehr schöne Zeit hatte. Obwohl ... ? Das können Sie auch haben ... Sie müssen sich nur trauen, sich ein wenig zu ändern.

»Ich bin aber immer noch in einem Unternehmen angestellt. Was Sie da predigen, das ist ja die reinste Anarchie! ... Für Sie mag das wohl richtig sein, aber nicht jeder kann machen, was ihm gefällt! Ich lege das Buch jetzt weg ...« (Bitte warten Sie noch einen Augenblick ... bitte).

Ich bin sicher, dass Ihre Abteilung oder Ihre Firma andere Leute überreden muss, in verschiedene Projekte einzusteigen, mit denen Sie zu tun haben. Diese Leute kommen entweder aus Ihrem Unternehmen oder von außen. Nehmen wir einmal an, Ihre Aufgabe ist es unter anderem, irgendwann im Verlauf des Geschäftsjahres Ideen, Produkte oder Dienstleistungen zu »verkaufen«. Es ist tatsächlich so, dass 98 Prozent der leitenden Angestellten irgendwann so etwas tun müssen, um weiterzukommen. Mit wie vielen Leuten müssen Sie sprechen, um eine einzige Idee durchzubringen? Wie viele Manager müssen Sie überzeugen, damit ein Projekt begeistert unterstützt wird und von allen getragen wird? Mit wie vielen möglichen Kunden müssen Sie sprechen, um einen einzigen Vertrag abzuschließen? Die Antwort: mit sehr vielen.

Gehen wir vom letzten Beispiel aus. ... Mit wie vielen möglichen Kunden müssen Sie verhandeln, damit Sie ein einziges Geschäft abschließen können? Ganz grob, über den Daumen gepeilt, müssen Sie wahrscheinlich vier Kunden nachlaufen, damit Sie ein Geschäft unter Dach und Fach bringen. Nehmen wir an, ich könnte Ihnen eine Möglichkeit aufzeigen, mit der Sie dieses Verhältnis so weit verbessern können, dass Sie von nun an mit zwei von vier Kunden ins Geschäft kommen könnten? Das wäre eine Verbesserung um 100 Prozent – und das können Sie bereits in kürzester Zeit erreichen. Den Weg, den Sie einschlagen müssen, ist der einer gut ausgearbeiteten und gut vorgetragenen *guten Präsentation*.

Genau das ist die Art und Weise, wie wir in unserem Londoner Trainingszentrum vorgehen, wenn wir unser Marketingkonzept ausarbeiten. Wir geben eine Anzeige auf und bieten eine »offene« Präsentation an, in der wir präsentieren, was wir tun können, um einzelnen Personen und Unternehmen zu helfen, ihre eigenen Unternehmensziele zu erreichen. Für diese Präsentationen gibt es oftmals eine Warteliste. Einige Leute kommen alle paar Jahre wieder, um einen zweiten Anstoß zu erhalten. Hinzu kommt, dass diese vierteljährlichen Veranstaltungen nicht umsonst sind. Die Vertreter aus den einzelnen Unternehmen zahlen gern über 130 Euro Eintritt, um an diesem dreistündigen Seminar teilzunehmen. Deren persönliches Ziel ist es, einige aktuelle Techniken kennenzulernen, die ihnen helfen, ihre eigenen Produkte und Dienstleistungen besser verkaufen zu können. Ihren Wünschen wird entsprochen, weil wir sicherstellen, dass sie diese während dieser drei Stunden im Überfluss erhalten. Inzwischen ist es bei diesen Präsentationen unser Ziel, den Teilnehmern zu sagen, was wir darüber hinaus für einzelne Unternehmen mit maßgeschneiderten Konzepten tun können.

Immer wenn wir eine dieser Präsentationen veranstalten, können wir garantieren, dass mögliche Klienten zu langfristigen Klienten werden – und das in sehr kurzer Zeit, weitaus kürzer, als man es sich vorstellen kann.

Wenn Sie eine Präsentation halten, grenzen Sie sich von Ihren Konkurrenten ab. Diese gehen immer den einfachen Weg ... nicht weil sie dumm sind, sondern weil sie faul sind. Sie machen immer weiter mit ihren Telefonaten, Einzelgesprächen, E-Mails und Mailings. Wenn Sie »live« vor einem großen Publikum präsentieren, dann bieten Sie etwas anderes als Ihre Konkurrenten und Sie vermitteln dem Publikum damit sofort ein Gefühl professioneller Kompetenz. Gute Redner werden mit Ehrfurcht bedacht.

Sparen Sie Zeit! (In der Realität können Sie das eigentlich nicht. Sie können sie nur sinnvoll verbringen.)

Eine weitere großartige Sache bei einer Präsentation ist, dass sie viel Zeit spart! Ich weiß nicht, wie es Ihnen geht, aber ich habe einige Dinge, mit denen ich meine Zeit lieber verbringe als Geschäftsabschlüssen hinterherzujagen. Wenn ich die Möglichkeit habe, meine beruflichen Dienstleistungen einem Großunternehmen anzubieten, dann scheint es immer mindestens vier Personen zu geben, die an der Entscheidung beteiligt sind. Ich habe sogar eine kleine Formel entwickelt, die mir sagt, ob das Geschäft, das ich abschließe, den Zeitaufwand überhaupt wert ist. Eine große Zeitersparnis ist es aber immer, wenn Sie einen guten Grund haben, alle Entscheidungsträger gleichzeitig zu einer einzigen Präsentation einzuladen.

Wenn Sie die Entscheidungsträger einzeln treffen, dann kommt es sehr oft vor, dass sie einige Tage später noch einmal anrufen und weitere Fragen haben. Die Beantwortung dieser Fragen zieht sehr oft einen weiteren Besuch beim potenziellen Kunden nach sich, um die neuen Fragen zu klären. Und schon wieder ist ein dicker Batzen wertvoller Zeit vergangen. Wenn andererseits alle Entscheidungsträger bei Ihrer Präsentation in einem Raum sitzen, dann führt die psychologische Gruppendynamik in den meisten Fällen dazu, dass alle erforderlichen Fragen im Rahmen dieser einen Präsentation beantwortet werden können. Jeder Entscheidungsträger lernt die Bedenken und die Bedürfnisse der anderen kennen. Und sehr oft werden Sie während der »Fragen und Antworten« feststellen, dass es kaum Meinungsverschiedenheiten gibt, und diejenigen, die bereits auf Ihrer Seite sind, werden Ihr Angebot stark unterstützen.

Tipp: Für den Fall, dass Sie einen potenziellen Kunden um Erlaubnis bitten, bei ihm zu präsentieren, er damit einverstanden ist, aber auf die Idee kommt, gleichzeitig einige Ihrer Konkurrenten einzuladen, dann sorgen Sie auf alle Fälle dafür, als Letzter präsentieren zu dürfen. Eine gute Präsentation ist nicht nur selten, sondern sie macht das ganze Geschäft zu einer großen

> Sache. Weil Sie aber wollen, dass man sich besonders gut an Sie erinnert, präsentieren Sie zuletzt. Am Broadway wird der Titelsong immer gegen Ende der Show gebracht – weil man sagt: »Wenn sie nach Hause gehen, dann sollen sie dieses Lied singen.«

Es kommt sehr oft vor, dass ein Unternehmen oder eine Abteilung glaubt, ein überragendes Produkt oder eine überragende Dienstleistung zu haben, aber in einem von Konkurrenz bestimmten Umfeld kein Land sieht. Nicht weil das Produkt in Wirklichkeit schlecht ist, sondern weil andere ihr Produkt besser verkaufen. Es ist eine Tatsache, dass wir Menschen dazu neigen, die meisten unserer Käufe auf der Basis emotionaler Reize zu tätigen, die im menschlichen Gehirn jedoch durch Fakten gerechtfertigt werden. Extrem intelligente und hervorragend ausgebildete Menschen diskutieren stundenlang über diesen Punkt und sagen mir rundheraus, sie seien viel zu klug und erfahren, als dass man sie mit einer Präsentation über den Tisch ziehen könnte, hinter der nur wenig Substanz steckt. Sie wollen schlicht und ergreifend die Fakten. Mehr nicht. Nun hier habe ich einen »Fakt« für Sie: Alle aktuellen Forschungen belegen, dass sämtliche Zuhörer, die aus beruflichen Gründen an einer Präsentation teilnehmen, schon 30 Sekunden nach Beginn die Konzentration verlieren, wenn sie ausschließlich mit Fakten konfrontiert werden. Das ist keine Lüge. Das beschreibt eindeutig, wie das Gehirn der Zuhörer funktioniert – das Gehirn aller Zuhörer.

Ein guter Redner weiß, dass ansteckende Begeisterung von wesentlich mehr als nur von Fakten übertragen wird. Sollten Sie jemals überrascht sein, dass Ihnen ein Geschäft durch die Lappen gegangen ist und man Ihnen sagt, es sei »wegen des Preises« gewesen, dann sollten Sie misstrauisch werden. Sehr misstrauisch. »Zu teuer« ist der einfache Einwand. Doch meistens lief es schief, weil die Präsentation Ihres Angebots als langweilig, eintönig, schlampig, unstrukturiert, unüberlegt und monoton wahrgenommen wurde und die Zuhörer nicht angesprochen hat. Ein guter Redner weiß im Voraus, dass jeder einzelne Zuhörer nur auf die Antwort auf die einzige für ihn wichtige, allerdings unausgesprochene, Frage wartet: »Und was habe ich davon?« Und als ein guter Redner müssen Sie diese Frage beantworten. Wenn Sie das nicht tun, dann wird es sich auf die wahrgenommene Qualität Ihres Vortrags auswirken, weil (ob es Ihnen gefällt oder nicht) die Präsentation als ein genaues Spiegelbild der Professionalität Ihres Unternehmens oder Ihrer Abteilung angesehen wird.

Einer meiner Klienten, ein Vorstandsmitglied einer großen europäischen Mineralölgesellschaft, sagte mir, dass er daran verzweifelt, weil einige seiner sehr intelligenten Geologen das nicht begreifen. Er fragt sich, wie diese Doktoren und Diplom-Geologen erwarten können, ein internationales Geschäft unter Dach und Fach zu bringen, wenn sie in Jeans, Pullover und Doc Martin-Stiefeln daherkommen und ihre Vorstellungen präsentieren? Und dann versuchen sie, mit den Händen in den Hosentaschen, ihre Botschaft zu vermitteln, indem sie von ihren Powerpoint-Schaubildern ablesen. Es sind tatsächlich **nicht** die Fakten, es ist die Art und Weise, wie Sie die Fakten vermitteln, die den entscheidenden (und erfolgreichen) Ausschlag gibt.

Die meisten Angsthasen wissen immer noch nicht, dass ein Mann namens Professor Albert Mehrabian vor einigen Jahren Forschungen angestellt hat, um herauszufinden, welche Faktoren während einer Präsentation den größten Einfluss auf das Publikum haben. Die Ergebnisse waren verblüffend. Sie zeigten nämlich, dass Zuhörer sich am besten an das erinnern, was sie gesehen haben. Danach kommt die Stimme des Redners, sowohl die Sprachmelodie als auch die Lautstärke und die Modulation. Den geringsten Einfluss hatte der tatsächliche Inhalt der Präsentation.

Hier die jeweiligen Anteile:

- Visueller Eindruck: 55 Prozent
- Sprachmelodie, Lautstärke und Modulation der Stimme: 38 Prozent
- Text und Inhalt: 7 Prozent

Es ist nicht so, dass der Inhalt überhaupt nicht wichtig ist – natürlich ist er wichtig. Wenn Sie aber auf der visuellen Seite versagen (Körpersprache und Bilder) und dann diesen Fehlschlag dadurch verstärken, dass Sie sich nicht gut anhören, dann spielt der Inhalt überhaupt keine Rolle mehr.

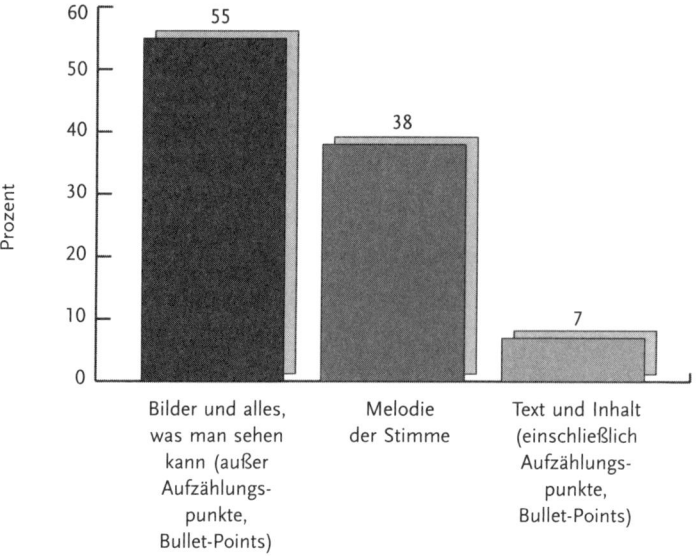

Die Art und Weise, wie man sich an den Inhalt einer Präsentation erinnert.

Nur noch ein letzter Punkt, bevor wir in das Buch einsteigen. Etwa drei- bis viermal in der Woche präsentieren Leute in unserem Trainingszentrum ihre Lebensläufe, die selbst als Trainer in unser Team kommen wollen. Wenn ich sie anrufe, dann erzählen mir alle, welch großartige Trainer sie doch seien. Wenn ich sie dann aber nach ihrem Präsentationsgeschick frage, insbesondere nach ihren Fähigkeiten bei spontanen Präsentationen vor potenziellen Kunden, dann werden sie ganz still. Einer sagte mir vor einigen Wochen: »Mr. Etherington, ich glaube, Sie haben mich nicht richtig verstanden. Ich bin Trainer und kein Redner!« Das ist dann der Zeitpunkt, an dem ich die Bewerbung abhake und jede weitere Unterhaltung einstelle. In meinem Marktsegment gibt es keinen Mangel an Trainern, so wie es in den meisten anderen Märkten keinen Mangel an »Produkten« gibt. Der große, weltweite Mangel besteht an Menschen, die erfolgreich kommunizieren und Ideen präsentieren können. Dennoch tun die meisten Unternehmen nur wenig, um dieses Problem zu korrigieren.

Eigentlich ist es ganz einfach: Wenn Sie oder Ihr Unternehmen Präsentationen so abspulen, wie Sie es schon immer gemacht haben, dann werden auch die gleichen Probleme immer wieder auftreten. Wie sagt man so schön?

> Wenn man immer nur das macht, was man schon immer gemacht hat, dann wird man genau das bekommen, was man schon immer bekommen hat.

Sind Sie noch da?

Jetzt sind Sie schon so weit in der Einführung und Sie sagen sich etwas, das sich anhören könnte wie: »Dieses Buch ist überhaupt nichts für mich! Ich **bin** ein Angsthase! Nein, lachen Sie nicht … ich bin ein Angsthase! Sobald ich vor Publikum stehe, bin ich wie ein Wackelpudding. Das werde ich nie schaffen. Ich bin schrecklich. Niemand ist so schrecklich wie ich.«

Erlauben Sie mir bitte, Ihnen schnell noch eine kleine Geschichte zu erzählen, die ich vor ungefähr 20 Jahren im Radio in einer Sendung über das englische Parlament und das Unterhaus in London gehört habe. Der Sprecher war ein erfolgreicher Mann mittleren Alters, der sich an seine ersten Tage als Mitglied des Parlaments erinnerte. Das spezielle Thema der Sendung war die erste Gelegenheit, bei der er als junger Mann an der Reihe war, seine sogenannte »Jungfernrede« auf dem Parkett des Parlaments zu halten.

Es ist Tradition, dass es dem neuen Mitglied des Parlaments nicht erlaubt ist, die Jungfernrede im Unterhaus abzulesen. Er oder sie muss die Rede frei halten. Der junge Abgeordnete war sich sicher, alle Fakten in Ordnung zu haben, aber er war ein absolutes Nervenbündel. In dieser speziellen Debatte brauchte er nur fünf Minuten zu sprechen, doch schon Tage zuvor konnte er weder essen noch schlafen. Er verlor Gewicht. Er konnte an nichts anderes mehr denken. Immer wieder stellte er sich vor, dass er katastrophal versagen würde. Er stellte sich das Gelächter vor und das spöttische Gejohle, wenn er alles durcheinanderbrachte. Er würde alles falsch machen. Er wusste ganz genau, dass es in die Hosen gehen würde.

An diesem Tag saß er nervös an seinem Platz neben einem alten Parlamentarier. Als ihm schließlich das Wort erteilt wurde und er widerstrebend aufstand, fühlte er eine Hand auf seinem Arm. Es war der alte Haudegen. »Genieße es, mein Sohn«, flüsterte er ihm aufmunternd zu: »Niemand erwartet viel!«

»Niemand erwartet viel« sollte auch zu Ihrem Mantra werden. Wenn es wahr ist, und es ist wahr, dass alle Zuhörer, die aus beruflichen Gründen anwesend sind, den üblichen Müll erwarten. Es gibt nichts, wovor Sie sich fürchten müssten. Entweder entsprechen Sie ihren Erwartungen, indem Sie grauenvoll sind, oder Sie überraschen Ihr Publikum (wenn Sie das anwenden, was Sie in diesem Buch finden) und sind gut. Es ist eine einfache Entscheidung. Sie entscheiden sich, von nun an ein »guter« Redner zu sein, und ich garantiere Ihnen, Sie werden es nie bereuen.

Kapitel 2
Die Kunst des ›Sich-keine-Sorgen-Machens‹ für Angsthasen

> Wenn die Vorstellungskraft und der Wille in Konflikt geraten, dann gewinnt immer die Vorstellungskraft, ohne eine einzige Ausnahme.
>
> Emile Coué –
> Psychologe aus dem 19. Jahrhundert

Anfang der 1970er-Jahre verkaufte ich Fotokopierer. Ich war zwar Ingenieur, aber dieser Beruf langweilte mich. Ich wollte Glanz, einen Firmenwagen, ein Spesenkonto und ganz nebenbei ein leichtes Leben. In Wirklichkeit war es aber hart. Mein erstes Verkaufsgebiet war ungefähr eine Quadratmeile im tiefsten Londoner Süden. Meine diversen Vorgesetzten sagten mir an besonders harten Tagen oft »Don't worry, be happy!« (»Mach dir keine Sorgen, sei einfach glücklich«) oder »Sei nicht so negativ! Denke positiv.« Wenn ich diese großartigen, motivierenden Mantras hörte, überkam mich ein starkes Bedürfnis auf sie loszugehen. »Was?«, dachte ich immer, »Sei positiv? Ich habe mir meine Depressionen redlich verdient und ich werde sie, verdammt nochmal, aushalten!«

Wenn man jemandem dazu rät, etwas nicht zu tun (»Ach was! Mach dir wegen der Präsentationen mal nicht so viele Sorgen!«), dann ist das reine Zeitverschwendung, denn weder Ihr noch mein Gehirn kann eine negative Aussage entsprechend verarbeiten. Redner bei Seminaren zum Thema Motivation demonstrieren das regelmäßig, indem sie ihren Zuhörern sagen: »Und nun stellen Sie sich bitte keinesfalls einen rosaroten Elefanten vor!« (Das ist das Beispiel, das alle aus dem gleichen Grund anbringen.) Und dann fragen sie: »Und an was denken Sie jetzt?« Als Antwort erhalten sie, wie nicht anders zu erwarten: »Rosarote Elefanten! Hahaha!«

Ein anderes Beispiel für dieses Phänomen ist, wenn Eltern ihre kleine Tochter, in ihrem besten Kleid, auf einer Familienfeier beobachten. Die Kleine ist immerhin schon groß genug, um an den Tisch zu gelangen, auf dem die Getränke stehen und sich ein Glas Orangensaft zu holen. Das gefüllte Glas wird vorsichtig vom Tisch genommen und das Mädchen will es an ihren Platz bringen. So weit geht alles gut – die Konzentration ist hoch. Die Zungenspitze angestrengt zwischen die Lippen geschoben, damit ja nichts schiefgeht. Ganz vorsichtig, ein Schritt nach dem anderen. Nur keine Eile. Bisher läuft alles glatt. Kein Missgeschick, keinerlei Anzeichen für ein drohendes Problem. Doch dann passiert es ... aber nicht das Kind begeht den Fehler ... den Fehler macht ein Erwachsener. »Pass auf, dass du nichts verschüttest!«

Nun, ich habe Ihnen ja schon zuvor gesagt, dass das menschliche Gehirn derartige Negations-Formulierungen nicht verarbeiten kann. Auch das Gehirn des Kindes versteht das **Nicht** nicht ... es nimmt nur das **Verschütten** wahr. Und was denken Sie, was das Mädchen, in seinem besten Kleid, mit dem versehentlichen Verschütten assoziiert (das bisher im Gehirn überhaupt nicht vorgesehen war)? Ja, richtig – Ärger mit den Eltern und alle möglichen Probleme, die viel zu schrecklich sind, als dass man sie sich vorstellen könnte. Die Antizipation eines Fehlverhaltens löst im Gehirn Bilder von beängstigenden Konsequenzen aus ... und wenn man Angst hat, dann beginnt man zu zittern. Die Kleine bekommt Angst, und was glauben Sie, passiert mit dem Orangensaft, wenn das Zittern beginnt? Richtig: Er wird verschüttet!

Jemandem (auch sich selbst) zu raten, etwas nicht zu tun, ist der beste Weg, genau das Fehlverhalten zu provozieren, das man unbedingt vermeiden möchte. Wenn Sie also dazu neigen, sich selbst Mut für Ihre nächste Präsentation zuzusprechen (»Los, reiß dich zusammen! Du willst dich doch nicht zum Narren machen!«), dann bereiten Sie sich schon auf eine Katastrophe vor. Also sollten wir künftig ausschließlich Selbstgespräche führen, die eine erwünschte, positive Wirkung beschreiben!

›Ich werde jeden Tag und in jeder Hinsicht immer besser!‹ ... Ich bin wirklich besser ... Ich glaube schon ... oder etwa nicht?!

Zu Beginn des 20. Jahrhunderts führte der französische Apotheker Emile Coué die Methode des Positiven Denkens ein, eine Psychotherapie, die auf regelmäßigen und täglichen Affirmationen basierte. Von ihren Anhängern wurde verlangt, dass sie im Verlauf des Tages immer wiederholten: »Ich werde jeden Tag und in jeder Hinsicht besser und besser.« Diese ständigen Wiederholungen sollten die Personen durchdringen und somit das Gefühl des Selbstvertrauens und des Selbstwerts verstärken. Diese Methode wirkte zwar bei einer Reihe von Menschen, hatte jedoch kaum eine Wirkung auf andere. Warum das so war, blieb lange Zeit ein Rätsel.

Erst ein halbes Jahrhundert später erkannte man, dass die Menschen, bei denen diese Methode Wirkung zeigte, sich sofort vorstellen konnten, dass sie tatsächlich immer besser wurden. Die Vorstellungskraft wirkte stärker als die Worte selbst. Tatsächlich, je lebhaftiger diese Menschen sich die Verbesserung vorstellen konnten und was sie tun würden, sobald die Verbesserung eingetreten war, umso besser funktionierte diese Methode.

Hinzu kommt, dass der Erfolg umso größer war, je mehr Sinne dieser Mensch in seine Vorstellungen einbeziehen konnte, um diese *vorgestellte Zukunft* zu erleben. Der dominante Sinn war immer das Sehen, gefolgt von Geräuschen und Gerüchen. Nun, obwohl ich selbst diese Methode benutze, kann ich mir nicht vorstellen, wie Erfolg »riecht«. Wenn es aber Ihnen gelingt, dann ist es gut möglich, dass Sie mit dieser Methode noch mehr Erfolg haben werden als ich. Ich kann in meiner Vorstellung mit meinem sogenannten inneren Auge *sehen*, ich kann Stimmen *hören*, auch Geräusche, Beifall und anderes. Ich kann sogar eine imaginäre Berührung *fühlen*. Aber riechen? ... Nein. Und dennoch funktioniert diese Methode, auch wenn es Ihnen nur gelingt, sie nicht ganz perfekt anzuwenden. Und nun werde ich Ihnen zeigen, wie auch Sie diese Methode anwenden können.

Das ist mehr als nur einfach ›Positives Denken‹

Anstatt sich auf das zu konzentrieren, was Sie nicht wollen, »Ich möchte daraus keinen Schlamassel machen«, verändern Sie Ihre Selbstgespräche in eine positivere Richtung. Und auch, wenn Sie mir bisher noch nicht glauben, so möchte ich dennoch, dass Sie diese Worte sagen: »Bei der nächsten Präsentation werde ich richtig gut sein.« (Und nun kommt der kraftvolle Teil.) Schließen Sie nun die Augen und sehen Sie sich auf der Bühne vor dem Publikum und sehen Sie vor Ihrem geistigen Auge, dass alle klatschen, und fühlen Sie, wie zufrieden Sie mit sich selbst sind.

Moment bitte … warten Sie noch einen Augenblick … Ich weiß es schon … Sie werden sagen »Was ist das denn für ein Quatsch!«, und Sie werden diesen Teil auslassen – doch würden Sie mit mir bitte noch ein kleines Experiment machen? … Bitte … Ich möchte Ihnen nämlich beweisen, wie effizient diese Selbstgespräche in Verbindung mit der Kraft der Imagination wirklich sind.

Eine hirnlastige Übung für Skeptiker

Diesen kleinen sofort erkennbaren Beweis verwende ich bei meinen Live-Vorführungen, wenn ich bei Kunden in deren Wohnung bin und auch in fast allen meinen Trainingsseminaren. Falls Sie schon an einem meiner Seminare teilgenommen oder andere meiner Bücher gelesen haben, dann werden Sie wissen, was gleich kommt. Aber bleiben Sie dennoch dabei. Gut, stehen Sie nun bitte auf und wenn Sie Rechtshänder sind, dann strecken Sie Ihren rechten Arm in Schulterhöhe gerade aus. Zeigen Sie mit Ihrem gestreckten Zeigefinger geradeaus. Wenn Sie Linkshänder sind, dann machen Sie das auch, nur eben mit dem linken Arm und der linken Hand. Nun, als Rechtshänder, bleiben Sie mit Ihren Füßen fest am Boden und drehen Ihren Körper mit ausgestrecktem Arm nach rechts und sehen Sie, wie weit Sie sich drehen können. Dann merken Sie sich den Punkt, auf den Ihr Zeigefinger in diesem Augenblick gerichtet ist. So wissen Sie, wie weit Sie sich drehen können. Und dann drehen Sie sich wieder zurück. Linkshänder machen das auch, sie drehen sich lediglich nach links und kehren ebenfalls wieder zum Ausgangspunkt zurück.

Nun bleiben Sie bitte stehen und schließen die Augen. Ich möchte nun, dass Sie sich vorstellen (bitte noch nicht bewegen), sich nur vor Ihrem geistigen Auge vorstellen, dass Sie sich wieder drehen. Doch dieses Mal, in Ihrer Vorstellung, reichen Sie bitte bis zu der Stelle, an der sie zuvor stehen geblieben sind, sehen sich aber in der Lage, sich bei diesem »vorgestellten« Versuch mühelos viel weiter ... 10 Zentimeter ... 15 Zentimeter ... 20 Zentimeter ... zu drehen. Merken Sie sich bitte, wie weit Sie in Ihrer Vorstellung gekommen sind. Dann kehrt Ihr geistiges Auge wieder zum Ausgangspunkt zurück und Sie öffnen die Augen.

Und nun geht es noch einmal los, dieses Mal aber in der Realität und nicht in der Vorstellung. Also: Drehen Sie Ihren Körper dieses Mal wieder herum ... und was geschieht? Wie weit haben Sie es dieses Mal geschafft, den Körper zu drehen? Waren Sie überrascht, als Sie entdeckten, dass Sie, ebenso wie 80 Prozent der Menschen, die dies tun, es beim zweiten Mal *wirklich* machten, sich tatsächlich wesentlich weiter drehen konnten als beim ersten Mal?

Es hat sich aber, rein physisch, nichts verändert. Sie haben nicht plötzlich die Fähigkeiten eines Zirkusakrobaten entwickelt und auch nicht die einer Topathletin. Alles, was Sie gemacht haben, war, dass Sie in Ihrem Kopf für einen Moment ein anderes Bild geschaffen haben, gerade einmal vor einer halben Minute. Sie haben es nicht unbedingt geglaubt, aber Ihr Gehirn wurde durch das Bild, das Sie gewählt haben, so sehr getäuscht, dass es glaubte, es könnte ... und so konnten Sie es auch.

Sie sehen, das menschliche Gehirn ist seltsam naiv. Es erkennt den Unterschied zwischen realen und vorgestellten Ereignissen nicht! Wenn Sie ihm sagen, dass etwas so ist, und es besteht die physikalische Möglichkeit, dass es so sein könnte, dann tut es alles, damit Sie es wirklich tun. Nur so nebenbei: Sie können die Naturgesetze nicht überwinden, beispielsweise können Sie nicht fliegen, wenn Sie mit Ihren Armen flattern, und auch nicht unter Wasser atmen oder sich plötzlich in die Luft erheben oder irgendeine andere verrückte Sache. Also versuchen Sie es erst gar nicht.

Ja, wenn Sie es so sagen, dann sind Sie ein Angsthase

Wenn Sie Ihrem Gehirn immer suggerieren, dass Sie bei geschäftlichen Präsentationen ein Angsthase sind und Sie sich vorstellen können (Bilder in Ihrem Kopf), dass Sie beim nächsten Mal katastrophal versagen werden, dann wird Ihnen Ihr Gehirn unweigerlich genau das liefern, was Sie haben wollen. Sie sind genau das, was Sie sagen, dass Sie es sind. Und es ist erstaunlich, dass auch andere Menschen Sie exakt so einschätzen, wie Sie sich selbst bewerten.

Ja, wenn Sie es so sagen, dann sind Sie ein furchtloser Redner

Nun ... auch wenn Sie nur das Wenige wissen, das Sie sich soeben selbst bewiesen haben, dann ist es höchste Zeit, Ihnen eine Reihe ganz praktischer Anweisungen zu geben, damit Sie wie ein guter Redner denken. Diese Anweisungen beruhen auf der modernen Sportpsychologie. Oft höre ich von den Besten ihrer Sportart, von den besten Golfspielern und Tennisspielern, dass sie schon vor dem Match vor ihrem geistigen Auge sehen müssen, wie der Ball ins Loch fällt oder über das Netz fliegt.

Ganz ähnlich ist es in der Geschäftswelt – der Dozent, der mir das Verhandeln beigebracht hat, hatte jahrelang den Anteil der Erfahrung und des Trainings studiert, den man braucht, um ein erstklassiger Verhandlungsführer zu werden – aber letztlich kam er zu dem Schluss, dass die Verhandlungsführer, die am häufigsten Erfolg hatten, oft auch diejenigen waren, die sich jeden erfolgreichen Abschluss im Voraus vorgestellt hatten.

Ob Sie es glauben oder nicht, diese Bilder, die nur in der Vorstellung existieren, sind eine wirklich ernsthafte Angelegenheit.

Lernen Sie sich vorzustellen, ein brillanter Redner zu sein

Der gedankliche Prozess, der abläuft, wenn Sie sich selbst vor Ihrem geistigen Auge auf dem höchsten Niveau sehen, nennt man Visualisierung (welch eine Überraschung!). Der wichtigste Aspekt dabei sind »mentale Übungen«. Mentale Übungen bedeuten, dass Sie in Ihrem Kopf immer wieder einige wichtige Ereignisse ablaufen lassen und sie mit möglichst vielen Sinnen kombinieren, insbesondere mit der mentalen Vorstellungskraft. Profis in allen Bereichen des Sports benutzen diese Technik und konzentrieren ihre Sinne auf entscheidende Wettkämpfe, Turniere und potenzielle Möglichkeiten, neue Rekorde aufzustellen, und das völlig ohne innere Anspannung, Rivalität, Angst vor möglichem Versagen und Unfällen. Es funktioniert in jedem Bereich Ihres Lebens, wenn Sie Ihr maximales Potenzial abrufen wollen. (Übrigens: In einem Versuch ließ man einen Bobfahrer mental eine Bahn hinunterfahren, stoppte die Zeit und – welch Überraschung – als er die Bahn anschließend tatsächlich hinunterraste, erzielte er, bis auf die Zehntelsekunde genau, die gleiche Zeit!!!)

Professionelle mentale Übungstechniken lassen sich in interne und externe Konzentration unterscheiden. Wenn Sie die externe Sichtweise wählen, dann stellen Sie sich vor, Sie würden in einem Publikum sitzen und zusehen, wie Sie selbst etwas ausüben. Wenn Sie die interne Sichtweise wählen, dann sind Sie selbst derjenige, der etwas macht und Sie sitzen nicht im Publikum. Wenn Sie mit Ihren Übungen beginnen, dann können Sie die Konzentrationsmethode selbst wählen. Nun folgt eine Anleitung für diejenigen, die sich für die externe Sichtweise entschieden haben. Sie werden also mitten im Publikum sitzen.

Professionelle mentale Übungen können ein völliges Gefühl der Unbesiegbarkeit, der Verhaltensänderung aufbauen und somit Ihr Selbstvertrauen erhöhen.

Externes Mentaltraining

Das beste und wahrscheinlich auch wirksamste Training nennt man »Mentaltraining für Spitzenleistungen«. Um damit zu beginnen, stellen Sportler eine Liste von Eigenschaften zusammen, die sie mit Spitzenleistungen in ihrer Sportart in Verbindung bringen. Damit ein Golfprofi Spitzenleistungen erzielt, braucht er wahrscheinlich einen perfekten Schwung, genaues Putten, überragende Konzentration, aber auch völlige mentale Konzentration, Zuversicht, Vertrauen und das Gefühl, für das Spiel absolut bereit zu sein.

Für Sie, den aufstrebenden wirkungsvollen Redner würde dazu zweifellos eine aufrechte und zuversichtliche Körpersprache zählen, eine aufrichtig klingende und kraftvolle Stimme, eine meisterhafte Beherrschung Ihres Themas, Selbstvertrauen, das Gefühl, gut vorbereitet zu sein, und die Bereitschaft loszulegen.

Nun müssen Sie ein sehr detailliertes imaginäres Bild in Ihrem Kopf zusammenstellen. Denken Sie sich doch für einen Augenblick in Ihre eigene Vergangenheit zurück, als Sie tatsächlich, trotz aller vorherigen Befürchtungen, eine Präsentation erfolgreich abgeliefert haben. Wenn Sie sich wirklich (wirklich) an keine solche Gelegenheit erinnern können, dann stellen Sie sich eine solche vor ... erfinden Sie, wie eine solche Präsentation gewesen sein könnte! Ich komme noch einmal auf den Punkt zurück, den ich schon zuvor erwähnt habe: *Ihr Unterbewusstsein kennt den Unterschied zwischen realen und vorgestellten Ereignissen nicht.* Also los ... stellen Sie sich etwas Wunderbares vor! Der Vorgang des Visualisierens verlangt, dass Sie über ein reales oder eingebildetes Ereignis nachdenken, insbesondere über die Eigenschaften und das Verhalten, die zu dieser Bestleistung führten.

Detaillierte Anweisungen

Schritt 1: Entspannen Sie sich.
Suchen Sie sich eine bequeme Position. Entweder Sie legen sich auf einen bequemen Untergrund oder Sie machen es sich in einem Sessel bequem. Atmen Sie über drei Sekunden langsam ein und drei Sekunden lang wieder aus. Das tun Sie mindestens eine Minute lang oder so lange, bis Sie sich entspannt fühlen. (Geben Sie nicht gleich auf! *Kurz vor den Olympischen Spielen im Jahr 2004 in Athen sah ich im Fernsehen, wie ein russischer Trainer der Sportgym-*

nastik eine junge und hoffnungsvolle Athletin durch genau diese Anweisungen *führte, damit sie, 30 Minuten später, eine entscheidende Stelle in ihrer Kür durchführen konnte, an der sie zuvor gescheitert war!*)

Schritt 2: Visualisieren Sie!
Stellen Sie sich vor Ihrem geistigen Auge vor, Sie stünden vor einer großen Filmleinwand. Auf diese Leinwand projizieren Sie nun einen Film, der zeigt, wie Sie vor einem Publikum stehen und eine wirklich brillante Rede abliefern. Sie sind tatsächlich mitten im Publikum und beobachten, wie Ihr Doppelgänger diese Präsentation hält. Das ist eine absolut außerkörperliche Erfahrung! Nun denken Sie daran, während Sie zusehen, wie »Sie« auftreten, wie Sie sich gefühlt haben, bevor Sie aufstanden, um diese brillante Präsentation zu halten. Welche Selbstgespräche fanden in Ihrem Kopf statt? Wenn Sie können, dann erinnern Sie sich an dieses Gefühl der Zuversicht – real oder imaginär –, das Sie hatten.

Sehen Sie sich selbst so deutlich wie nur möglich vor sich, in diesem aufrechten, zuversichtlichen und starken Zustand. Konzentrieren Sie sich so sehr Sie können auf jeden Aspekt Ihres Seins: auf Ihr Aussehen, Ihre Gefühle, die Gerüche, die Gerüche, das, was Sie sehen konnten, auf Ihre Haltung, Ihr Herzklopfen, Ihren Gesichtsausdruck ... auf einfach alles, das in diesem Moment zu Ihrer Höchstleistung beigetragen hat. Wenn Sie diese Empfindungen, die sich in Ihrem Unterbewusstsein regelrecht eingebrannt haben, richtig wahrnehmen, dann können Sie diese, wann immer Sie wollen, zurückholen. Wenn Sie das tun, dann werden Sie in der Lage sein, alles zu beschreiben, was in der Vergangenheit dazu beigetragen hat, sich wie »der König der Welt« zu fühlen.

Und nun lassen Sie die Leinwand leer werden und lassen ein anderes Ereignis darauf erscheinen. Dieser Film handelt nun nicht mehr in der Vergangenheit. Nun projizieren Sie die Zukunft, die bevorstehende Rede – eine Rede, wie Sie noch nie eine gehalten haben. In diesem zukünftigen Ereignis sind Sie der Hauptdarsteller. Und noch einmal kehren Sie zu diesen Gefühlen und Empfindungen zurück, an die Sie sich aus einem realen oder vorgestellten Ereignis aus Ihrer Vergangenheit erinnern. An das Ereignis, bei dem Sie einen perfekten Auftritt hinlegten, stark, voller Selbstvertrauen! Sie wissen ganz sicher, dass auch beim bevorstehenden Auftritt alles wieder wunderbar für Sie laufen wird – ebenso wie in der Vergangenheit. Sie strotzen vor Zuversicht, haben sich selbst unter Kontrolle, Sie sind eine völlig dominante Persönlichkeit.

Während Sie weiter diesen Zukunftsfilm vor Ihrem inneren Auge ablaufen lassen, sehen Sie sich selbst auf der Bühne und sind dabei voll konzentriert. Sie sind wach, vollkommen in der Gegenwart. Ihre Empfindung in diesem Moment gibt Ihnen alles, was Sie brauchen: die Reaktionen der Zuhörer ... einen geschmeidigen Auftritt ... eine überzeugende Stimme ... echtes Lachen ... Applaus. Kennzeichnen Sie jedes Ergebnis, das Sie von Ihrer Präsentation erwarten. Sehen Sie, wie Sie jedes dieser Ergebnisse in Ihrer Vorstellung tatsächlich erreichen. Sehen Sie, dass alle Eigenschaften, die Sie sich wünschen, tatsächlich in Ihnen zum Vorschein kommen.

Schritt 3: Bestätigen Sie sich immer wieder neu.
Wir Menschen lernen immer wieder durch unsere Handlungen. Also wiederholen Sie diese mentale Übung mindestens einmal täglich. Meine erste Übung führe ich am Morgen durch und die letzte am Abend vor dem Einschlafen. (*Wie bitte, Sie machen das immer noch?*) Natürlich. Sehen Sie, die Geheimnisse des Erfolgs umgeben uns ständig. Tatsache ist jedoch, dass 95 Prozent der Menschen zu faul sind, sie zu erkennen oder etwas dafür zu tun.

Erfolg hinterlässt Spuren. Und deshalb kopiere ich, was andere erfolgreiche Menschen tun. Sie trainieren immer wieder. Es steht alles in den Büchern und den Autobiografien, die sie schreiben. Sportler, vor allem Sportlerinnen, verbessern sich ständig mental. Wenn Sie anfangen, faul zu werden und die Übungen zu vernachlässigen, dann werden Sie schnell bemerken, dass Ihre Leistungen nachlassen. In neueren wissenschaftlichen Forschungen darüber, wie Glück im Beruf auch zu persönlichem Glück führt, wurde aufgedeckt, dass nahezu alle glücklichen Menschen sich jeden Tag Zeit nehmen, um sich etwas vorzustellen, nachzudenken, etwas zu betrachten oder zu meditieren. Das mache ich auch. Ich stelle mir regelmäßig klar und deutlich vor, wo ich sein will. Und das funktioniert auch ... selbst wenn ich glaube, dass es nicht funktioniert! Ich verstehe es nicht, ich mache es einfach, weil es funktioniert, auch wenn meine Visualisierungen nicht immer so deutlich sind wie ich es an einigen Tagen gern hätte.

> »Wenn ich einen Tag nicht übe, dann weiß ich es.
> Wenn ich zwei Tage nicht übe, dann wissen es auch meine Kritiker.
> Und wenn ich drei Tage nicht übe, dann merkt es auch mein Publikum.«
>
> *Paderewski*, der berühmte russische Konzertpianist

Internes Mentaltraining

Die zweite Mentaltechnik konzentriert sich auf das Innere. Anstatt sich selbst wie auf einer Filmleinwand zu beobachten, gehen Sie bei dieser Technik direkt in Ihren Kopf. Sie sehen aus Ihren Augen, hören mit Ihren eigenen Ohren. Lassen Sie Ihre Hände das Rednerpult oder den Tisch aus Holz fühlen. Sie sind der Vortragende, der über sein Publikum blickt. Fühlen Sie den Teppich unter Ihren Füßen. Hören Sie selbst den Applaus, den Sie erhalten. Sehen Sie Ihre Vorgesetzten oder Ihre Klienten, wie sie zu Ihnen auf die Bühne blicken und zustimmend nicken. Fühlen Sie, dass Sie selbst voller Stärke ihre Blicke erwidern, ihrem Blick standhalten. Fühlen Sie, wie Sie lächeln. Hören Sie in Ihrer Vorstellung eine Frage aus dem Publikum und hören Sie Ihre deutliche und angemessene Antwort.

Manche Redner, die ich kenne und die sehr oft vor relativ zynischem oder sogar äußerst zynischem Publikum sprechen müssen (für mich sind das oft die Vertriebsrepräsentanten von Unternehmen), gehen mit dieser Idee noch eine Stufe weiter und stellen sich vor, das Publikum säße splitternackt vor ihnen oder es trüge Karnevalskappen oder Ähnliches. Einer meiner Partner ist sehr entspannt, ein Typ etwa wie Richard Branson, Milliardär, Unternehmer und unter anderem Besitzer der Virgin Group, und er kleidet sich auch wie Branson (sehr leger). Mein Partner ist immer sehr eingeschüchtert, wenn er vor Publikum sprechen muss, das sehr formell gekleidet ist und sich auch so verhält. Deshalb stellt er sich solch ein Publikum in verblassten, schmutzigen und abgetragenen Jeans vor. Das können Sie auch oder Sie könnten sich Ihr Publikum auch extrem dürr oder enorm fett vorstellen. Oder aber

Sie sehen Ihr Publikum als Babys, die in einem Hochstuhl sitzen. Mein absolutes Lieblingsbild ist es, mir solche Zuhörer mit langen Rüsseln, abstehenden Ohren und »falschen Schnurrbärten und Brillen« vorzustellen. Sie können Ihr Publikum aber aussehen lassen, wie es Ihnen gefällt. Wichtig ist nur, dass es Ihnen selbst möglichst lächerlich erscheint.

Eigenartig, aber wenn Sie Ihr Publikum einmal in diesem Zusammenhang gesehen haben, dann ist es nie mehr möglich, ihm gegenüber die gleichen Gefühle zu entwickeln. Denken Sie daran, Angst heißt im Englischen »fear«, also F.E.A.R. Und diese Buchstaben stehen für **F**ictitious **E**vents **A**ppearing **R**eal, was man im Deutschen mit **F**iktive **E**reignisse, die **R**eal **E**rscheinen, umschreiben könnte. Probieren Sie es aus, wenn Sie es mir nicht glauben. Versuchen Sie, sich genauso zu fühlen, wenn Sie vor lächerlichen Leuten mit Rüsseln und riesigen Ohren sprechen, wie wenn Sie vor furchteinflößenden leitenden Angestellten in dunklen Anzügen stehen müssten. Sie werden es nicht schaffen.

So wie bei jeder neuen Fähigkeit, wird es einige Zeit brauchen, in der Sie üben müssen und sich mit all diesen Dingen vertraut machen. Es wird auch dann nicht immer sofort wunderbar funktionieren, wenn Sie schon eine Zeitlang geübt haben. Aber Hartnäckigkeit, wahrscheinlich der am einfachsten zu beeinflussende Faktor, wird sich für Sie auszahlen. Vor einigen Jahren, mit 44 Jahren, lernte ich zu fliegen. Jede Lektion sollte, was mein Fluglehrer nicht wusste, eigentlich meine letzte sein. Ich war wie versteinert (vor Angst). Ja, ich war ein richtiger Angsthase! Doch auch wenn ich nicht spüren konnte, dass es funktionierte, führte ich meine täglichen Visualisierungsübungen durch. Ich sagte mir immer, sehr negativ und entgegen allen meinen Grundsätzen: »Noch eine Unterrichtsstunde ... dann werde ich ihm sagen, dass das nicht mein Ding ist.« Doch jede Woche bemerkte ich, dass ich immer häufiger ohne Anweisungen flog. Dann begann ich, es mit Vernunft zu versuchen ... »Gut, ich kann nun geradeaus fliegen und die Flughöhe halten, aber Kurven zu fliegen, das ist eine ganz andere Sache.« ... Und dann, einige Wochen später: »Gut, ich kann geradeaus fliegen, ich kann Kurven fliegen, ich kann nach oben fliegen, ich kann die Flughöhe mindern, aber ich werde es nie lernen, per Funk zu sprechen! Und was das Morsen anbelangt, oder spiralförmige Sturzflüge und Steilaufstiege, die Navigation, von einem Alleinflug gar nicht erst zu reden ... **vergiss** es!« Und so ging es immer weiter, *aber ich führte mein internes Mentaltraining fort*. Ich stellte mir immer vor, einer der brillanten Piloten der Red Arrows (der Kunstflugstaffel der britischen Luftwaffe) zu sein. Im Geist sah ich aus dem Fenster, sprach per Funk. Ich erholte mich von Steilanstiegen wie ein Naturtalent. Vier Wochen später machte ich meinen ersten Alleinflug. Weitere vier Monate später erhielt ich meinen Flugschein. Nun kann ich mit der Fliegerei überhaupt nicht mehr aufhören! Geben Sie auf keinen Fall Ihr Mentaltraining auf!

Zusammenfassung

Das grundlegende Ziel des Mentaltrainings ist es, Ihnen eine konstante Leistung auf hohem Niveau zu vermitteln. Dabei spielt es keine Rolle, in welchem Bereich das sein soll. Anfangs müssen Sie einen Monat lang mindestens einmal täglich trainieren, und wenn Sie es wirklich ernst meinen (und Sie meinen es ernst, oder etwa nicht?), dann sollten Sie schon innerhalb der nächsten 72 Stunden damit beginnen. Psychologen sagen, dass wir, wenn wir ein neues Projekt angehen wollen und nicht innerhalb von drei Tagen damit beginnen, mit einer Wahrscheinlichkeit von 80 Prozent nie damit anfangen werden.

Wenn Sie sich zwischen internem oder externem Mentaltraining entscheiden sollen, dann empfehle ich Ihnen, jeden Tag die Technik zu wechseln: einen Tag internes Training, am nächsten Tag externes Training. Üben Sie aber jeden Tag. Es spielt wirklich keine Rolle, ob Sie glauben, dass es funktioniert, oder der Meinung sind, dass es nicht funktioniert. Ich versichere Ihnen: Es funktioniert bei jedem, der trainiert. Diskutieren Sie darüber nicht mit höchst intellektuellen Menschen und auch nicht mit engen Freunden. Ich habe herausgefunden, dass sie diese Methode oft ablehnen und sagen: »Wenn es so einfach wäre, dann würde es ja jeder tun.« Nun ja, »jeder« macht es nicht, aber die wenigen, die es tun (wie beispielsweise ich), erkennen, dass mentales Training immer funktioniert.

Für Angsthasen mit dem starken Wunsch, sich selbst zu verändern, ist das natürlich eine schwierige Aufgabe. Wenn Sie immer noch zögern und nicht sicher sind, ob Sie sich damit abmühen sollen, dann beschäftigen Sie sich einmal kurz mit Folgendem:

1. Schreiben Sie alle Vorteile auf, die Ihnen erwachsen, wenn Sie nicht handeln.
2. Schreiben Sie alle Vorteile auf, die Sie erzielen, wenn Sie in Aktion treten.
3. Schreiben Sie die Kosten (bzw. die Verluste) auf, die Ihnen entstehen, wenn Sie nicht in Aktion treten.[*)]
4. Schreiben Sie die Kosten dafür auf, wenn Sie handeln.
5. Machen Sie weiter. Hören Sie nicht auf, bis die Vorteile aktiv geworden, die Vorteile des Passivbleibens im Verhältnis von 10 zu 100 überwiegen, und die Kosten des Passivbleibens zehnmal größer sind als aktives Handeln.

Das wachsende psychologische Wissensgebiet, das auf Mentaltraining und Visualisierung gründet, nennt man Neurolinguistische Programmierung oder NLP. In den letzten 15 Jahren gibt es immer mehr Bücher und Kurse für diejenigen, die diese Methoden gründlicher studieren wollen. Geben Sie im Internet in eine Suchmaschine (beispielsweise Google oder Yahoo!) NLP als Suchbegriff ein und Sie werden ungefähr 1,6 Millionen Treffer erhalten. Dieses Buch behandelt andererseits besonders die Fertigkeiten, die man für gute Präsentationen braucht, und deshalb gehen wir beim Thema NLP nicht so sehr in die Tiefe. Es reicht durchaus, wenn Sie das Wenige, das wir hier besprochen haben, anwenden können, um möglichst schnell Ihre Aussichten auf eine Mutation von einem Angsthasen in einen gefragten Redner zu verbessern.

Und nun gehen wir weiter zu dem, was wir noch besprechen müssen: die tatsächliche Zusammenstellung und Vorführung einer brillanten Präsentation. Dazu brauchen Sie lediglich eine Seite weiterzublättern.

---

*) In Schritt 3 können Sie die Kosten in folgenden Bereichen in Betracht ziehen, wenn Sie diese mentalen Übungen nicht durchführen: Spirituell, sozial, intellektuell, finanziell, körperlich, emotional.

Kapitel 3
Rechtzeitige Vorbereitung verhindert schlechte Präsentationen

> Wenn Sie nicht trainieren, dann trainiert eben ein anderer, irgendwo – und er wird gern Ihren Platz einnehmen.
>
> Brooks Robinson, amerikanischer Baseball-Profi

Im ersten Kapitel mussten wir uns mit einigen wichtigen persönlichen psychologischen Problemen beschäftigen. Immerhin heißt der Titel dieses Buches »Präsentieren für Angsthasen«, und deshalb ist die Konzentration auf das Thema Angst im ersten Kapitel wahrscheinlich ein optimaler Einstieg. Doch nun müssen wir weitergehen und mit der ersten Lektion beginnen, die sich mit dem tatsächlichen Gegenstand dieses Buches befasst, der Präsentation.

Zunächst muss ich jedoch vorausschicken, dass eine Präsentation kein Kuschelevent mit Wohlfühlgarantie ist. Es ist eine harte Lektion, und man muss grausam sein, um nett zu sein. Es gibt keine Möglichkeit, Ihnen diese Lektion sanft und einfühlsam zu vermitteln. Ich habe immer wieder nachgedacht und bin jedes Mal zu dem Ergebnis gelangt, dass ich es geradeheraus darstellen muss. Also, es geht los: »**Präsentationsfertigkeiten für Anfänger**«:

> Ihr Schaubild ist *nicht* Ihre Präsentation;
> Sie selbst sind Ihre Präsentation.

So, jetzt habe ich es gesagt!

Ich weiß, das ist nicht das, was die Hersteller von Projektoren und Präsentations-Software Ihnen sagen, aber es ist dennoch die ungeschminkte, nackte Wahrheit.

Vor einigen Jahren wollte ein englisches Ehepaar (er war Liedermacher, sie Sängerin) berühmt werden, und sie schrieben und sangen Werbemelodien und Titellieder für Seifenopern und Fernsehspots. Sie wurden für eine Woche auf den Spielplan des Londoner Palladiums gesetzt. Es waren nur die beiden ... niemand sonst – und das drei Stunden lang. Die Kritiker der Premiere urteilten folgendermaßen: »Das einzig Gute, das über diese Show gesagt werden kann, ist, dass sie schließlich ein Ende hatte!« Das ist genau das, was die meisten von uns von einer der durchschnittlichen Präsentationen halten. »Wann, du lieber Gott, ist es nur endlich zu Ende?«

Ich habe kein persönliches Interesse daran, Ihnen irgendeine Hardware oder Software zu verkaufen. Und ich sage Ihnen auch, weshalb dies so ist. Jeder von uns hat heute genau die gleiche ausgetüftelte Präsentations-Software auf seinem Computer und Laptop, völlig gleichgültig, wo wir leben. Wenn ich Sie bei einer Präsentation beobachte, dann bestaune ich nicht wie schön sich Ihre Folien überschneiden und wie Sie sie wieder verschwinden lassen, oder dass Ihre einzelnen Stichpunkte von der Seite, von oben oder von unten auf ihren Platz gleiten. Ich werde auch nicht aus vollem Herzen über Ihren Team-Building-Witz lachen: »Im Wort T.E.A.M gibt es gar kein I.« (Was im Deutschen so viel heißen soll wie: In Teams gibt es kein i wie »Ich« – Anm. d. Ü.). Ihre Cliparts beeindrucken mich nicht, und ich glaube auch nicht, dass Sie diese langweiligen kleinen Bilder selbst gezeichnet haben.

Tatsächlich werde ich wahrscheinlich vor Langeweile sterben, wenn ich schon wieder dieses Clipart mit dem triumphierenden Manager sehe, der, eine Fahne schwenkend, einen Berggipfel erklimmt. Oder das Bildchen einer Zielscheibe mit einem Pfeil darin. Oder die beiden Hände, die sich fest schütteln. Oder den Mann im blauen Anzug, der mit dem Rücken zum Publikum seine Arme ausstreckt und am oberen rechten Rand platziert ist und aussieht, als ob er nach oben sieht und die nervtötenden Bulletpoints über ihm zu umarmen scheint. Oder die Ente mit einer Axt, die gerade dabei ist, einen PC zu halbieren. Oder eine Weltkugel mit irgendetwas darauf.

Ich weiß genau, wie Sie das gemacht haben, ich kann das nämlich auch! Ich habe die gleichen Cliparts und bin davon überhaupt nicht beeindruckt.

Früher – vor ungefähr 15 Jahren – benutzten wir immer noch Dias. Man musste immer jemanden haben, der den Projektor bediente. Dias waren sehr teuer. Aus der Sicht des Publikums jedoch waren sie ein klein wenig besser arrangiert als unsere Folien und Slides heute. Sehen Sie, wenn das Publikum dann etwa in der Mitte des Vormittags den Höchststand der Langeweile erreicht hatte, dann gab es immer noch einen Strohhalm, an den es sich klammern konnte. Normalerweise steckten die Dias in einem kreisförmigen Behälter auf einem Projektor. Jeder Behälter konnte etwa 50 Dias aufnehmen. Im Verlauf der Präsentation drehte sich der Behälter mit einem rappelnden Geräusch und dann fiel das nächste Dia an seinen Platz, während das vorhergehende Dia weitertransportiert wurde. Damals war es für jemanden im Publikum möglich, einen Blick auf diesen runden Behälter zu werfen, der auf dem Projektor hinten im Saal stand, und er konnte anhand der Position des Diabehälters abschätzen, wie viele Dias noch ausstanden. Und so war es möglich, daraus zu schließen, wie lange man der Langeweile noch ausgesetzt sein würde. Heute ist das leider nicht mehr der Fall. Alles ist im Computer und wir wissen nicht – wir können es nicht sagen –, wann endlich das Ende naht.

Das Publikum (in dem zuweilen auch Sie und ich sitzen) hat immer nur eine einzige Frage. Manchmal wird sie ausgesprochen, meistens jedoch ist sie im Unterbewusstsein verborgen. Und diese Frage lautet:»Und was bringt mir das?« Doch die meisten Zuhörer hören nur eines, bevor sie in Langeweile versinken: wovon das Unternehmen, die Institution oder der Vortragende profitieren. Das Geheimnis, wie Sie diese Probleme vermeiden und von jedem Ihrer Auftritte profitieren, besteht aus nur einem Wort:»**Vorbereitung**«.

Doch genau dies ist der Punkt, an dem es schiefläuft, bevor Sie überhaupt angefangen haben. Die meisten Redner bereiten sich nicht vor. Viele Redner glauben, sie würden sich vorbereiten, und deshalb wollen wir uns ansehen, was eine Vorbereitung nicht ist:

- Am Vorabend einige Folien zusammenzustellen.
- Sich die Folien von jemand anderem auszuleihen und sie mit eigenen zu vermischen.
- Einverstanden zu sein, die gesamten Folien eines anderen zu zeigen, weil man dazu aufgefordert wurde.
- Ein Manuskript zu verfassen und es Wort für Wort laut abzulesen oder überhaupt keinen Blick darauf zu werfen.

Das sind die Hauptursachen für Präsentationen, die uns alle zu Tode langweilen.

Vorbereitung und ihre Zwillingsschwester, die **Probe**, haben für Angsthasen große Vorteile:

Beide zusammen eliminieren 75 Prozent der Nervosität

Welches sind also die Schritte zu einer angemessenen Präsentation, die 75 Prozent der Nervosität beseitigen?

Es gibt acht Schritte. Sie sind sehr einfach. Wenn Sie diese Schritte gehen, kann es Ihr Leben verändern. Die meisten Redner kümmern sich nicht darum. Sie sind total verrückt. Selbst wenn sie dieses Buch gelesen haben, werden sie nichts anders machen. Doch hier sind diese wichtigen Schritte:

---

8. Wann werden Sie proben?
7. Wie wollen Sie Begeisterung hervorrufen?
6. Wo sind Ihre Bilder?
5. Wie werden Sie Ihre Rede eröffnen?
4. Wie werden Sie Ihre Rede beenden?
(Steuern Sie die nächste Pleite an ...)
3. Weshalb genau (dieses Thema und) dieser Inhalt?
(Ich kann mich nicht erinnern ... was haben Sie gerade gesagt?)
2. Wer ist Ihr Publikum? (Stellen Sie sich vor, es sind nur Hohlköpfe ... ja, genau!)
1. Wo ist das Ziel?

Schritt für Schritt

1. Worauf kommt es Ihnen an und was ist das Ziel?

Ich halte auf vielen Versammlungen in der ganzen Welt Reden. Einige dieser Konferenzen und Versammlungen dauern zwei Tage oder sogar noch länger. Manchmal bin ich auch der Moderator, Ansager, Erzähler, der Zeremonienmeister oder Leiter der Konferenz. Mit anderen Worten: Ich bin der Mann, der das Ganze am Laufen hält.

Am ersten Morgen wärme ich das Publikum ein wenig auf und wecke es nach dem Mittagessen. Ich sage ihm, was geschehen wird und wie sich die Tagesordnung zusammensetzt. Ich leite Podiumsdiskussionen über Themen, die für ein bestimmtes Unternehmen oder eine bestimmte Organisation wichtig sind. Oft erhalte ich selbst eine Redezeit, in der ich meine Grundgedanken einbringen kann oder ein Seminar über Verkaufstechniken, Präsentationen, Verhandlungen halten kann oder ganz einfach darüber, was wir tun, wenn wir unsere besten Leistungen abrufen.

Das Thema zum Verkauf, das sehr oft gewünscht wird, heißt: »Erzählen ist kein Verkaufen.« Die meisten Verkäufer sind so programmiert, dass sie, wenn sie gebeten werden etwas zu verkaufen, anfangen zu reden und zu reden ... und zu reden. Sie alle haben an Seminaren zum Thema »Verkaufen« teilgenommen, die ihnen zeigen, weshalb diese Herangehensweise zum Scheitern verurteilt ist. Doch an der Front, vor Kunden, fallen sie immer wieder sofort in ihre alten Gewohnheiten zurück. Fakten, Fakten, Fakten ... und Gerede, Gerede, Gerede. Und dann wundern sie sich, weshalb sie nicht so viel verkaufen. Sie sollten sich nicht länger wundern – sondern einfach weniger labern.

Die Menschen sind nicht in der Lage, in so kurzer Zeit viel aufzunehmen und sich einen Reim darauf zu machen. Und deshalb hören wir heute oft den Satz: »Zu viele Informationen!« oder »Mit Informationen überladen!« Das gilt auch für die meisten geschäftlichen Präsentationen; viel zu viel Gerede. Um dem Publikum die Nutzlosigkeit von zu viel Gerede in einer überzeugenden Präsentation zu beweisen, bitte ich immer, sich an den vorherigen Morgen zu erinnern, als die Konferenz eröffnet wurde:

Erinnern Sie sich daran, dass gestern Morgen um 9.00 Uhr die Konferenz eröffnet wurde?
(Das Publikum murmelt ein »Ja«)

»Wie lange dauerte die Eröffnung?«
(»Ungefähr 30 Minuten«)

»Kann mir jemand eine Kurzfassung der Präsentation geben – nicht länger als 30 Sekunden?«
(Normalerweise herrscht dann Schweigen)

»Kann mir jemand den Titel oder das allgemeine Thema nennen?«
(Normalerweise herrscht dann Schweigen)

»Kann mir jemand den Namen des Redners nennen?«
(Normalerweise herrscht dann Schweigen)

Der Grund für dieses Schweigen liegt hauptsächlich darin, dass der Redner in die etwa 30-minütige Rede viel zu viel »Gerede« gepackt hat. Die Tatsache, dass die Rede mit Sicherheit auch noch schlecht vorgetragen wurde, war nicht hilfreich. All diese Punkte, Fakten und all dieses Gerede ließen das kollektive Gehirn der Zuhörer geradezu einfrieren, dann gaben sie auf und schalteten ganz ab. Deshalb erinnern sich die Zuhörer an nichts; es ist einfach nichts mehr davon im Gedächtnis geblieben. Alles wurde sofort wieder vergessen.

Sie kapieren es einfach nicht!

Als ich Trainer wurde, war einer der größten Schocks, wie wenig das menschliche Gehirn nach einigen Stunden des Zuhörens behalten kann. Normalerweise kann man sich glücklich schätzen, wenn Zuhörer sich an ein Drittel oder ein Viertel dessen erinnern können, was Sie eigentlich erreichen wollten. Ein weiteres Problem ist, dass sie sich an unterschiedliche Drittel oder Viertel erinnern. Anfangs, vor den Zuhörern eines Unternehmens, glauben viele angehende Trainer und Dozenten, daran seien die »schwergewichtigen« Gruppen der Delegierten schuld, die vor ihnen sitzen. »Diese Leute sind besonders hirnlos!« Es dauert ziemlich lange, bis ein Trainer, Vortragender oder Redner erkennt und dann eingesteht, dass das Problem nicht bei den Zuhörern liegt, sondern beim Redner.

Jemand – ich kann mich nicht mehr erinnern, wer es war – erzählte mit einmal, dass der englische Premierminister gegen Ende der 1950er- und Anfang der 1960er-Jahre, Sir Harold Mcmillan, einem jungen Mitglied des Unterhauses folgenden Rat gab: »In den Anfangsjahren als Parlamentarier sollte Ihre Rede nicht mehr als ein Argument verfolgen. Wenn Sie schon länger dabei sind, so zwischen zehn und zwanzig Jahren, dann haben Sie wahrscheinlich ausreichend Erfahrung, um sich auf zwei Argumente zu steigern. Und erst wenn Sie länger als zwanzig Jahre im Parlament sind, können Sie sich auf drei Punkte steigern, aber das ist es dann auch! Maximal drei Punkte, mehr lasse ich in keiner Rede zu!«

So, und nun müssen Sie sich für den Punkt entscheiden, den Sie vermitteln wollen. (*OK, Sie können auch auf drei Punkte eingehen, wenn Sie wirklich – wirklich – wollen, aber als Angsthase fahren Sie um hundert Prozent besser, wenn Sie meinen Rat annehmen und nur einen einzigen Punkt verfolgen. Ich verspreche Ihnen, Sie werden ... also, welcher Punkt soll es sein?*)

Wenn Sie stecken bleiben – hier sind einige Hilfen

Nehmen wir einmal an, Sie seien Manager einer Bank. Der wichtigste Punkt Ihrer Rede sollte deshalb *nicht* sein: »Ich möchte den Leuten über meine Bank erzählen.« Oder wenn Sie Projektmanager sind, dann sagen Sie *nicht:* »Ich möchte Ihnen zuerst etwas über das Projekt zu erzählen.« Und wenn Sie Tierarzt sind, dann sagen Sie *nicht:* »Der zentrale Punkt meiner Rede ist, etwas über Hunde zu erzählen.«

Wenn Sie einen der obigen Punkte als »Ihren wichtigsten Punkt« ansprechen, dann stehen Sie wieder ganz am Anfang. Das Thema, das Sie gewählt haben, ist zu weitläufig und durch die Einbindung so vieler Punkte zu viel »Gerede«.

Seien Sie egoistisch – *Sie* sollten Ihr Thema sein

Der wichtigste Punkt, den Sie für Ihre Präsentation ausgewählt haben, sollte messerscharf ausgefeilt werden. Ein Thema derartig zu schärfen, wird Sie in die Situation versetzen, konzentrierter vortragen zu können, und damit auch einprägsamer. Es ist der einzige

Punkt in Ihrer Präsentation, in der Sie die Wörter »Ich« und »Mein« benutzen dürfen. »Ich« und »Mein« sind die üblichen und dennoch am wenigsten überzeugenden Wörter in der Wirtschaftswelt. Doch ich gebe Ihnen die Erlaubnis, diese Wörter jetzt zu benutzen, aber nur in diesem Teil der Vorbereitung. Sie sollten Ihren Schwerpunkt darauf konzentrieren, was Sie persönlich von dieser Präsentation haben wollen. Ist es Geld? Eine Gehaltserhöhung? Unterstützung durch die leitenden Angestellten? Dass die gesamte Vertriebsmannschaft motiviert wird? Oder wollen Sie, dass die Zuhörer verstehen, weshalb Entlassungen notwendig sein könnten?

Diese Konzentration auf sich selbst und wie Sie von einer halbwegs anständigen Arbeit in der bevorstehenden Präsentation profitieren, ist eine wesentliche Motivation für Sie. Das beginnt damit, dass Sie aus sich keinen langweiligen Dummkopf machen. Darüber sollten Sie gar nicht erst nachdenken. Wenn Sie sich für einen Schwerpunkt entschieden haben, dann müssen Sie ihn zu Papier bringen.

Ein wirksamer Schwerpunkt sieht in etwa so aus:

- »Der wichtigste Punkt meiner Rede ist es, den Vorstand dazu zu bringen, meinem Team 200 000 Euro zu genehmigen, damit wir dieses Projekt beenden können.«
- »Der wichtigste Punkt meiner Rede ist, dass die Zuhörer verstanden haben, weshalb ich Mitarbeiter entlassen muss.«
- »Am Ende meiner Rede werde ich gezeigt haben, weshalb die Zuhörer das Geschäft mit meiner Firma machen sollten.«

Wenn Sie sich also auf Ihre nächste Präsentation vorbereiten, dann nehmen Sie ein leeres Blatt Papier und schreiben oben diese Überschrift:

Der Schwerpunkt meiner Präsentation ist...

(und dann legen Sie los)

Beachten Sie: Wenn Sie unbedingt auf zwei oder drei Schwerpunkte eingehen müssen, dann bleibt Ihnen nichts anderes übrig, als den ersten Punkt zu notieren und dann auch die anderen Punkte aufzuschreiben. Sie werden aber eine weitaus dynamischere und einprägsamere Wirkung erzielen, wenn Sie sich auf dieser Stufe auf einen ... *versprechen Sie das!* ... und jetzt sage ich nichts mehr!

2. Wer sind Ihre Zuhörer?
(Stellen Sie sich einfach alle als Hohlköpfe vor)

In meinem ersten Verkaufsbüro hing ein großes Poster an der Wand. Darauf war ein missmutiger, verhärmter, glatzköpfiger Mann mittleren Alters zu sehen, der in einem typischen Chefsessel saß. Darunter standen diese Bildtexte:

> »Ich weiß nicht, wer Sie sind
> Ich weiß nicht, was Sie tun
> Ihr Geschäft ist mir gleichgültig
> Es ist mir gleichgültig, weshalb Sie entlassen wurden
> Es kümmert mich nicht, wessen Fehler es ist
> Ihre Produkte sind mir gleichgültig
> Ihre Familie interessiert mich nicht
> Ihr Gehalt ist mir gleichgültig
> Ihre Beförderung ist mir gleichgültig
> Und außerdem ist es mir völlig gleichgültig,
> ob Sie Gewinne machen oder nicht ...
> Nun ... was wollen Sie mir verkaufen?

Es mag vielleicht grausam und herzlos sein, und Sie könnten sagen: was für ein jämmerlicher alter Idiot! Dennoch stimmt es, dass sich die meisten Zuhörer in vielen Vorträgen, in denen Ideen, Produkte oder Dienstleistungen vorgestellt werden, auf einer gewissen Ebene ihres Bewusstseins selbst ganz Ähnliches sagen. Im Wesentlichen fragen sie: »Was habe ich davon?« Denn, ob es Ihnen gefällt oder nicht, die meisten Menschen sind nur an sich selbst interessiert. Wenn Sie also aufstehen, dann muss Ihr Schwerpunkt, den Sie im vorherigen Schritt richtig und prägnant ausgearbeitet haben, in die Sprache des »Sie« übersetzt werden.

> »Die schlechte Nachricht ist, dass viele von Ihnen entlassen werden müssen. Die gute Nachricht ist ... ich wurde befördert! ... Ah! ... Ich sehe schon, die meisten von Ihnen denken immer noch an die schlechte Nachricht.«
>
> Ricky Gervais als David Brent in der britischen TV-Serie The Office der BBC, deren Konzept im deutschen Fernsehen durch die Serie Stromberg bekannt wurde

Ein Wort über ›Sie‹

»Sie« ist das seltenste Wort in der professionellen Kommunikation. Anders als die üblichen, jedoch am wenigsten überzeugenden Begriffe, die ich Ihnen im ersten Schritt vorgestellt habe (»Ich« und »Mein«), ist das »Sie« bei weitem das überzeugendste Wort.

Wenn Sie Ihre Präsentation halten, dann sollten Sie eine professionelle Sprache verwenden, Bedürfnisse und Probleme antizipieren, und auf die Motivation der Zuhörer, die Sie ansprechen, achten. Das einfachste Publikum, auf das man sich einstellen kann, ist das Publikum, das aus nur einer »Schicht« besteht – alle Zuhörer machen den gleichen Job oder entstammen der gleichen Ebene. Es kann ausschließlich aus Vorstandsmitgliedern Ihres Unternehmens bestehen oder aus allen Buchhaltern oder allen Ingenieuren. Nun wissen **Sie** genau, welchen Schwerpunkt **Sie** vermitteln müssen. Aber was wollen die meisten Vorstandsmitglieder hören? Welche Fachausdrücke benutzen Buchhalter? Was verstehen Ingenieure? Um Ihrem Publikum Ihren Schwerpunkt zu vermitteln, brauchen Sie ein wenig Zeit, um zu analysieren und herauszufinden, wie Ihre Zuhörer die Welt sehen. Hier sind drei einfache Beispiele von Publikum, denen Sie in Ihrem Unternehmen begegnen könnten: dem Vorstand, den Buchhaltern und Ihrer eigenen Abteilung.

Der Vorstand

Vorstandsmitglieder wollen in Ihrem Vortrag etwas über »die Zukunft« hören. Vorstandsmitglieder wurden dazu berufen, das Unternehmen auf den Weg zu neuen Ufern zu führen. Der Geschäftsalltag des Unternehmens wird vom mittleren Management gesteuert. Der Vorstand andererseits sitzt in klimatisierten Zimmern, immer ganz oben im Bürohaus, er denkt, plant und zieht alle Möglichkeiten in Betracht. Wenn Sie zu den Vorstandsmitgliedern sprechen, was werden Sie also sagen, um Ihr Anliegen zu vermitteln? Sie wollen ein größeres Budget für Ihr Projekt ... wunderbar! Der Vorstand will aber wissen, welchen positiven Einfluss diese Summe – wenn Sie sie bekommen – auf die künftigen Bedürfnisse des Unternehmens innerhalb der nächsten drei Jahre hat. Und genau das ist die Geschichte, die Sie bei der Vorbereitung Ihrer Präsentation vor dem Vorstand berücksichtigen müssen.

Die Erbsenzähler
Später, vielleicht sogar später am selben Tag, könnte es sein, dass Sie mit den Finanzcontrollern über Ihr Budget sprechen müssen. Der Vorstand möchte nämlich die Meinung der »Erbsenzähler« hören, bevor er sich entschließt, Ihnen diese Summe zu gewähren. Es wird wahrscheinlich nicht besonders nützlich sein, vor diesen Leuten die gleiche Rede zu halten über all das, was in zwei bis drei Jahren sein wird. Der Horizont der Buchhalter und Finanzcontroller reicht wahrscheinlich nur bis zum Ende des laufenden Geschäftsjahres. Und deshalb muss die Geschichte, die Sie ihnen erzählen, etwas über die sofortigen und kurzfristigen finanziellen Vorteile beinhalten, die dem Unternehmen entstehen, wenn Sie die Summe, die Sie in diesem Jahr haben wollen, zur Verfügung gestellt bekommen. Und das normale Rechnungswesen wird darauf bestehen, dass Ihre Ausgaben monatlich kontrolliert werden. Es ist das gleiche Anliegen, jedoch eine andere Geschichte.

Ihre eigene Abteilung
Wenn Sie mit Ihrer eigenen Abteilung – mit Ihrem Team – über ein mögliches neues Budget sprechen, dann sollten Sie die Zukunft des Unternehmens auf jeden Fall kurz ansprechen. Sie werden ganz dringend darauf eingehen, dass sich alle Mitglieder des Teams haargenau an die Vorgaben des Finanzcontrollings halten, damit die »Erbsenzähler« bei guter Laune gehalten werden. Die wichtigste Geschichte für Ihr Team muss aber die Auswirkung auf die Karriere der Teammitglieder sein, auf ihre Aussichten, wenn die genehmigten Unternehmensziele rechtzeitig und innerhalb des Budgets erreicht werden. Gleiches Anliegen, aber erneut eine andere Geschichte.

Bei jeder Gelegenheit werden die unterschiedlichen Gesprächspartner verstehen, was Sie wollen, weil Sie ihre Sprache sprechen.

In den sogenannten »Verkaufsschulungen« wird Verkäufern beigebracht, dass man genau das gleiche Produkt an völlig unterschiedliche Kunden verkaufen kann, wenn man zuerst herausfindet, was sie kaufen wollen, und dann nur noch diejenigen Aspekte anspricht, die auf den jeweiligen Kunden zutreffen und alle anderen ignoriert. Beispielsweise könnte eine reiche kleine alte Dame einen Jaguar kaufen und fahren wollen. Eine kleine Probefahrt wird wahrscheinlich enthüllen, dass sie hauptsächlich am Komfort und an der Sicherheit interessiert ist: an bequemen und weichen Ledersitzen, an der Sitzheizung für kaltes Wetter, an der elektrischen Sitzhöhenverstellung (damit sie hoch genug sitzt, um über das Lenkrad sehen zu können), an dem ABS-Bremssystem, den Berichten über Sicherheit besonders bei Zusammenstößen und an der Laufruhe während der Fahrt bei geschlossenen Fenstern.

Der klassische »jugendliche Raser« andererseits liebt ganz eindeutig die schlanke und »sexy« Linienführung der Karosserie, das röchelnde Geräusch des Auspuffs, wenn das Faltdach eingefahren ist, die glänzenden Aluminiumfelgen, das CD-System mit dem Bassverstärker und das phänomenale Beschleunigungsvermögen.

In beiden Fällen handelt es sich um das identische Auto, doch die Kaufgründe sind in beiden Fällen völlig unterschiedlich. Diese Regel muss bei jeder Ihrer Präsentationen angewendet werden.

> Übersetzen Sie Ihr »Anliegen« in die jeweilige Sprache, die Ihr Publikum spricht.

Wenn Sie Geologe sind und vor Buchhaltern sprechen, dann dürfen Sie nicht die Sprache sprechen, mit der Sie über Gestein und Felsspalten sprechen, was Sie tun würden, wenn Sie eine Präsentation vor anderen Geologen halten müssten. Sprechen Sie mit Buchhaltern in der Terminologie des Geldes – übersetzen Sie Ihr Anliegen.

Wenn Sie jedoch ein kreativer Werbefachmann sind und einem Unternehmen eine heikle Werbekampagne präsentieren, für die eine Gruppe von Ingenieuren die Verantwortung hat, dann wissen Sie genau, welchen Schwerpunkt Sie vermitteln müssen. Sie müssen mit den meisten Ingenieuren in rationalen, exakten und an Fakten orientierten Sätzen sprechen. Wenn es Ihnen nicht gelingt Ihren heiklen Punkt in dieser Sprache auszudrücken, dann werden Sie nicht verstanden und wahrscheinlich auch den Auftrag nicht bekommen. Sie sprechen eine andere Sprache – übersetzen Sie Ihr Anliegen.

Wir schreiben das Jahr 2006, ich sitze gerade hier in einem Hotelzimmer in Skandinavien, schreibe an diesem Manuskript, und las gerade bei Yahoo! einen Artikel über den großen Betrugsprozess gegen Enron. Ein riesiger Finanzskandal, der gerade angefangen hat, das amerikanische Rechtssystem durcheinanderzubringen. Ich bemerke, dass der Chefankläger genau die Technik verwendet, die ich in diesem Teil des Buches beschreibe. Sein Anliegen ist klar – er versucht sicherzustellen, dass die vor Gericht stehenden Vorstandsmitglieder hinter Gitter kommen. Allerdings muss er 12 Geschworene überzeugen, die wahrscheinlich wenig über das Rechnungswesen in Aktiengesellschaften wissen und noch weniger über Bilanzen und Gewinn- und Verlustrechnungen als Teil der Geschäftsberichte. Wenn er mit den Geschworenen spricht und ihnen etwas über Geldschiebereien in großem Maßstab, über Konten und Cashflows erzählt, dann wird er sie unweigerlich verwirren und nur vor weitere Rätsel stellen. Auf diesem Weg würde er nie das Ergebnis erzielen, das er haben will. Und deshalb übersetzt er seinen Vortrag in die Sprache der Geschworenen. Der Artikel auf Yahoo! zitierte den Staatsanwalt John Hueston, der in seinem Eröffnungsplädoyer den Geschworenen sagt:

> »Das ist ein ganz einfacher Fall. Es geht hier nicht um das Rechnungswesen. Es geht in diesem Fall allein um Lügen und Betrug.«

Als professioneller Redner (Rechtsanwälte und Staatsanwälte sind das auf jeden Fall) weiß er, dass die Geschworenen wahrscheinlich keine Ahnung vom Rechnungswesen haben, aber über Lügen wissen sie alle etwas. Er spricht Umgangssprache – er übersetzt sein Anliegen.

Wenn Ihr Publikum jedoch sehr gemischt ist, sodass Sie nicht alle als Banker bezeichnen können oder alle als Geologen oder als Vorstandsmitglieder oder Ärzte, dann müssen Sie die Sprache auf einen gemeinsamen Nenner bringen. Wenn Sie an diesem Tag einen Erfolg erzielen wollen, dann müssen Sie Ihr Anliegen so zum Ausdruck bringen, dass alle es verstehen. Zum Beispiel: »Lug und Trug.«

Ein letzter Punkt ... dann gehen wir weiter
Sie müssen immer bedenken, dass diese Geschäftsleute nicht gegen Sie sind. Sie sind *für* sich selbst. Ihre Rede muss sie immer direkt ansprechen. Sie muss sie aufwecken, alarmieren, attraktiv wirken und zum Handeln bewegen. Deshalb schreiben Sie nun unter Ihr Anliegen, das Sie oben auf Ihr Blatt Papier geschrieben haben, wie Sie Ihr Anliegen genau vermitteln wollen. Ganz nebenbei: Wenn Sie sich nicht sicher sind, dann *fragen* Sie jemanden. Es ist sehr oft möglich herauszufinden, wer Ihre Zuhörer sein werden, und vielleicht kennen Sie jemanden, der anwesend sein wird. Ich wende diese Art von Recherche sehr oft an, bevor ich irgendwo spreche. Dann stelle ich demjenigen, der unter den Zuhörern sein wird, die folgenden Fragen:

1. Was wollen Sie hören?
2. Worüber wollen Sie nichts hören?
3. Was wollen Sie im Verlauf meines Vortrags erfahren, damit die Zeit, die Sie mir zuhören, für Sie gut investiert ist?
4. Was würde Sie einschläfern?

Anliegen: »Das Anliegen meiner Präsentation ist es, den Verkauf des neuen Produkts zu verbessern, sodass ich mir letztlich eine Beförderung zum Verkaufsleiter verdiene.«

Publikum: Das Publikum besteht ausschließlich aus unseren Verkäufern. Die Zuhörer sind hauptsächlich an kurzfristigen oder sofortigen finanziellen Gewinnen interessiert, und sie wollen davon überzeugt werden, wie leicht es doch ist, dieses Produkt zu verkaufen. Unter den Zuhörern sind außerdem einige Zyniker, sodass ich Beweise liefern muss.

Ich muss über die neuen Konkurrenten im Markt sprechen. Sprich, auch über Provisionen!

3. Weshalb dieser Inhalt?

Sie kennen nun zwei Gründe, weshalb sich Zuhörer an einen großen Teil einer Rede nicht erinnern können: Einerseits beschäftigt sich die Präsentation mit viel zu viel Stoff und andererseits ist der Redner nicht bemüht, die Sprache der Zuhörer zu erlernen.

Aber es gibt noch etwas. Weil wir nun schon so weit vorangekommen sind, denke ich, dass Sie dafür bereit sind. Ein großer Teil der Zeit, die während Ihres Vortrags mit Zuhören und Zusehen verbracht wird – normalerweise die wenige Zeit zwischen der Eröffnung und der Zusammenfassung – wird von den Zuhörern wahrscheinlich vergessen, wenn Sie nicht ein kleines Geheimnis kennen. Auf den nächsten Seiten werde ich Ihnen dieses Geheimnis verraten. Es gibt sogar mehrere kleine Geheimnisse, und jetzt möchte ich, dass Sie diese selbst entdecken.

Bevor Sie aber etwas anderes machen, holen Sie doch bitte eine Uhr mit einem Sekundenzeiger ... haben Sie eine? ...gut ... ja, und noch ein Stück Papier und einen Stift ... OK.

Nun möchte ich, dass Sie sich alle Wörter im Kasten auf der nächsten Seite 60 Sekunden lang ansehen und versuchen, sich in diesen 60 Sekunden möglichst alle zu merken. Schreiben Sie nichts auf. Schauen Sie die Wörter nur an. Wenn die 60 Sekunden vorbei sind, schließen Sie dieses Buch. Schreiben Sie nun alle Wörter, an die Sie sich erinnern können, auf das Papier. Fertig? Dann los!

Wenn wir diese Übung als Teil eines Programms zur Verbesserung unserer Präsentationsfertigkeiten durchführen, dann werden die Teilnehmer der Veranstaltung das Problem sofort erfassen und, ohne es zu merken, die meisten Geheimnisse sofort erkennen.

Zuerst aber die schlechte Nachricht: Niemand konnte sich an alle Wörter erinnern – eine deutliche Demonstration dafür, dass zu viel Stoff in Ihrem Vortrag nicht sehr sinnvoll ist. Die gute Nachricht: Jeder hat sich normalerweise an etwas erinnert, tatsächlich sogar an ziemlich viel. Allerdings ist es auch klar, dass sich die Teilnehmer an unterschiedliche Begriffe erinnert haben. Und einige Wörter, an die sie sich erinnerten, waren gar nicht auf dieser Seite ... Oh je!

Andererseits haben sich etwa 80 Prozent der Teilnehmer an Begriffe identisch erinnert, und diese scheinen in ein »geheimes« Muster zu passen. Ein Muster, das Angsthasen bei ihren eigenen Präsentationen anwenden können, damit sie sicher sein können, dass man sich an sie erinnert.

Schachtel	Flasche	Pfropfen
Hund	Kessel	Telefon
Dach	Batterie	Tiger
Baum	glatt	Buch
Stift	fünf	Fahrkarte
Geld	Schnee	Dach
Straße	Heu Gas	Stuhl
Fuß	Kerze	Flug
Kabel	Rätsel	Plastik
Jennifer Lopez		Maske
Katze	Dach	Kiste
Groß	Topf	Schachtel
Bleistifte		verloren
Präsentationsfertigkeiten		Feuer
Gras	Haken	Gast
Auslöser	Tasche	Spiegel
Papier	Dach	Stock

1. Geheimnis des Erinnerungsvermögens: der Anfang

Der erste erkennbare Teil des Musters ist, dass 80 Prozent der Menschen sich an drei oder vier Wörter erinnern, die am Anfang der Liste stehen. Das gilt auch für die meisten Zuhörer in einem Publikum: In der Regel erinnern sie sich an das, was am Anfang geschah. Also muss die Eröffnung Ihrer Rede etwas mehr enthalten als nur »Guten Morgen, heute werde ich über ... sprechen ...« Ein wenig später werden wir noch detaillierter über die Eröffnung einer Präsentation sprechen.

2. Geheimnis des Erinnerungsvermögens: das Ende

Der zweite erkennbare Punkt ist, dass ein ähnlich hoher Prozentsatz der Menschen sich die letzten drei oder vier Wörter der Liste merken kann. Wiederum gilt auch dies für Zuhörer in einer Sitzung. Die Mehrheit der Menschen kann sich ziemlich leicht an das erinnern, was am Ende einer Präsentation geschah. Also werden wir später in diesem Kapitel auch über die Art und Weise sprechen, wie man einen starken Abschluss aufbaut.

Das folgende Diagramm zeigt eine Grafik des Erinnerungsvermögens, die für die meisten Gehirne gilt. Und zwar besonders dann, *wenn* im Mittelteil *nicht* ein »listiger Plan« eingesetzt wird. Psychologen nennen diesen Effekt »Vorrang« (Wörter am Anfang der Liste) und »Neuheit« (Wörter am Ende der Liste).

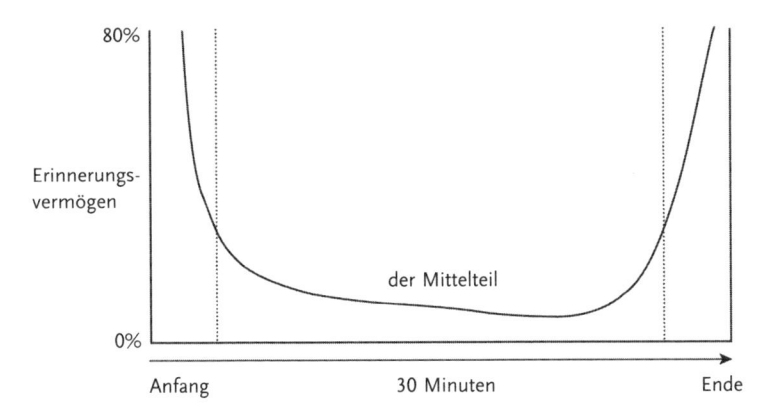

Was ist also mit dem Mittelteil?

Bitte sehen Sie noch einmal die Wörter an, die Sie zuvor aus dem Gedächtnis aufgeschrieben haben. Ich möchte wetten, dass neben einigen Begriffen vom Anfang und vom Ende der Liste sicherlich auch drei Wörter oder Wortgruppen dabei sind.

Ich lasse mich auf ein Glücksspiel ein und schreibe sie auf: »Dach – Präsentationsfertigkeiten – Jennifer Lopez.« Weshalb aber bleiben diese Worte im Gedächtnis der meisten Menschen haften? Und wie können Sie, ein Angsthase, diese Erkenntnis nutzen um die Zuhörer aus dem Wirtschaftsbereich zu zwingen, sich an das zu erinnern, woran sie sich Ihrer Meinung nach erinnern sollen? Ich werde es Ihnen zeigen.

3. Geheimnis des Erinnerungsvermögens: Wiederholung

Das erste Wort »Dach« wird üblicherweise behalten, weil das menschliche Gehirn dazu neigt, sich an Wiederholungen zu erinnern. Sehen Sie die Liste noch einmal durch und Sie werden sehen, dass das Wort »Dach« viermal enthalten ist. Gute Redner wiederholen die gleichen Begriffe und Sätze und fassen regelmäßig zusammen.

4. Geheimnis des Erinnerungsvermögens: außergewöhnliche Betonung

»Jennifer Lopez« sticht hervor wie ein verletzter Daumen, weil »JLO« in einer so langweiligen Liste alltäglicher Wörter nicht erwartet wird. Das menschliche Gehirn liebt unerwartete und außergewöhnliche Dinge und neigt dazu, sich daran zu erinnern. Gute Redner finden außergewöhnliche und kreative Möglichkeiten die Dinge zu betonen, um die es ihnen vorrangig geht.

5. Geheimnis des Erinnerungsvermögens: Wörter und Begriffe, die in direkter Verbindung zu einem Thema oder einem Titel stehen

»Präsentationsfertigkeiten« ist ein Begriff, der direkt mit dem Thema dieses Buches in Verbindung steht. Das menschliche Gehirn neigt dazu, sich auf Wörter und Begriffe zu konzentrieren, die in einem Titel enthalten oder in direkter Verbindung zu einem Thema stehen. Beispielsweise würden, ebenso wie »Präsentationsfertigkeiten«, auch »Angst«, »Nerven« und »Stimme« aus dem gleichen Grund gut in Erinnerung bleiben.

6. Geheimnis des Erinnerungsvermögens: Erzähle mir eine Geschichte

Das letzte und äußerst wichtige Hilfsmittel, das Ihrem Arsenal für ein gutes Gedächtnis zur Verfügung steht, ist *die Geschichte*.

Das menschliche Gehirn liebt Geschichten. Geschichten, Anekdoten und Beispiele aus dem wahren Leben sollten immer dann eingesetzt werden, wenn Sie wollen, dass man sich an Ihre Botschaft erinnert.

Bauen Sie das Reich der Mitte weiter aus

Die Geheimnisse der Rhetorik sind wichtig für den Erfolg Ihrer Präsentation, sodass es sinnvoll ist, wenn wir uns ein bisschen näher damit beschäftigen, wie und warum Sie diese Geheimnisse einbeziehen sollten.

Die Macht der Wiederholung

»Wie oft muss ich dir das noch sagen?« Die meisten Eltern und ihre Kinder sind mit dieser alten Leier vertraut und die Antwort darauf ist »sehr oft«. Menschen lernen durch Wiederholung. Dabei spielt es keine Rolle, ob man ein Musikinstrument lernen will, ob man Tennisunterricht nimmt, ob man Gedichte auswendig lernt oder die Rolle für ein Schauspielstück, oder wenn man als kleines Kind das kleine oder große Einmaleins lernt. Sehr gute Verhandlungsführer wissen, dass es in komplexen und langen Verhandlungen eine wertvolle Technik ist, regelmäßig alle bisher erreichten Ergebnisse zusammenzufassen. Ohne diese Wiederholungen der bisher erzielten Übereinkünfte haben die meisten Menschen am Freitag schon wieder vergessen, was am letzten Montag vereinbart wurde.

Politiker versuchen immer wieder, einen »markanten Spruch« in ihre Reden einzubauen. Das sind normalerweise einige Worte, ein Motto oder ein Slogan, den sie so oft wie möglich während eines Interviews oder einer Präsentation in den Medien einbringen. Vor einigen Jahren, vor meinem ersten Radiointerview, fragte ich jemanden, der mehr Erfahrung hatte als ich, wie ich aus dieser Gelegenheit das Beste herausholen könnte. Die Person, die ich damals fragte, sagte mir, ich sollte den Namen meines Unternehmens, wann immer möglich, wiederholen, wenn wir auf Sendung sind. »Wenn der Interviewer Ihnen eine Frage stellt, dann sagen Sie nicht ›Ich denke …‹ oder ›meiner Meinung nach …‹ Stattdessen stellen Sie sicher, dass Sie sagen ›Nun, bei <Name des Unternehmens> denken wir …‹ oder ›Die Unternehmenspolitik bei <Name des Unternehmens> ist …‹« Und genau das machte ich. Das Resultat war, dass die Zuhörer sich an den Namen des Unternehmens erinnerten, und ich freue mich, sagen zu können, dass wir sehr viele Anrufe erhielten – und viele dieser Anrufe brachten uns gute Geschäfte.

Professionelle »Überzeuger« wie erfolgreiche Verkaufsleiter verwenden Wiederholungen sehr oft. Es ist allgemein bekannt, dass ein Vertriebsunternehmen auf irgendeine Weise mit einem möglichen neuen Kunden *mindestens sechsmal* Kontakt aufnehmen muss (durch einen Brief, einen Anruf, durch Werbeanzeigen, auf Messen, durch Interviews mit den Medien), bevor man sich überhaupt irgendein konkretes Geschäft erhoffen kann.

Wiederholungen im Verkauf:

Beim ersten Mal registrieren potenzielle Kunden den Namen des Verkäufers, aber erinnern sich nicht bewusst an ihn.

Beim zweiten Mal erinnern sich potenzielle Kunden an den Namen aber verstehen ihn nicht.

Beim dritten Mal erinnern sich potenzielle Kunden an den Namen und verstehen ihn, bringen ihn aber noch nicht mit einem möglichen Bedürfnis in Verbindung.

Beim vierten Kontakt erinnern sie sich an den Namen und können ihn mit etwas in Verbindung bringen, das sie brauchen.

Beim fünften Mal können sie den Namen mit etwas im eigenen Unternehmen in Verbindung bringen, das sie stört und das behoben werden muss.

Beim sechsten Mal sind sie bereit zu diskutieren, ob das neue Unternehmen das Problem beseitigen kann.

Deshalb sollten Sie bei Ihren Präsentationen die Profis kopieren – finden Sie einen Begriff, ein Motto oder einen markanten Spruch und haben Sie keine Angst, ihn zu wiederholen!

Die Macht der außergewöhnlichen Betonung

Das menschliche Gehirn hasst es, gelangweilt zu werden, und liebt das Unerwartete. Wenn Sie wollen, dass man sich an den Mittelteil Ihrer Präsentation erinnert, dann tun Sie etwas Unerwartetes. Tun Sie etwas, das niemand von Ihnen erwarten würde. Tun Sie etwas Unvorhersehbares.

Eines der ersten und bekanntesten Beispiele der Macht des Unerwarteten war die Aktion von Nikita Chruschtschow, dem russischen Präsidenten, als er im Rahmen einer Rede vor den Vereinten Nationen im Jahr 1962 seinen Schuh auszog und damit auf das Rednerpult einschlug. Das war eine Aktion, in die tatsächlich gleich zwei rhetorische Tricks eingebaut waren, und umso effektiver war die Aktion. Die meisten Erwachsenen, mit denen ich mich unterhalte, selbst diejenigen, die 1962 noch nicht geboren waren, kennen den Zwischenfall mit dem Schuh vor der Vollversammlung der Vereinten Nationen. Somit hat dieser Auftritt sicherlich seinen Zweck erfüllt.

Die meisten dieser Leute sind sich allerdings nicht bewusst, dass diese Protestbotschaft sorgfältig vorbereitet war. Fotos, die während dieser »Präsentation« aus verschiedenen Blickwinkeln aufgenommen wurden und die Nikitas beide Füße hinter dem Rednerpult zeigen, beweisen, dass er zu der Zeit, als er auf das Pult einschlug, immer noch beide Schuhe an den Füßen hatte. An diesem Morgen hatte er noch einen dritten Schuh in den Plenarsaal mitgebracht, um damit auf das Pult zu hämmern. Harold McMillan, der damalige englische Premierminister, bemerkte nach Chruschtschows Auftritt mit dem Schuh witzelnd: »Vielleicht könnten wir davon eine Übersetzung bekommen. Ich habe das nicht ganz verstanden.« Die Tatsache, dass man sich bis heute an diese unerwartete und ungewöhnliche Aktion erinnert, beweist den Wert der außergewöhnlichen Betonung.

Ernstere und weniger temperamentvolle Politiker wagen es manchmal den »unerwarteten« Schritt zu tun, und gehen mit einem Berg von Notizen ans Rednerpult, damit es aussieht, als hätten sie ihr gesamtes Redemanuskript dabei. Und wenn sie dann vom Blatt zu lesen beginnen: »Guten Morgen, sehr geehrte Damen und Herren ... (sie machen eine Pause) ... ich wollte Ihnen meine vorbereitete Präsentation über die Ausbildungsreform vorlesen *(und plötzlich und ungezwungen werden die Papiere dann zu einem Haufen zusammengelegt und auf dem Rednerpult zurückgelassen. Dann treten sie vor das Podium und fahren fort)* ... aber ich habe mich stattdessen dafür entschieden, Ihnen zu erzählen, was mir wirklich in den Sinn kommt, wenn ich an die Zukunft unserer Kinder denke ...« Oh, ... damit haben wir nicht gerechnet ... er erlaubt uns, einen

Blick in sein Oberstübchen werfen zu dürfen ... nun werden wir hören, was er wirklich denkt. Der Politiker, kein brillanter Rhetoriker, aber sicherlich ein guter, denn nun hat er die ungeteilte Aufmerksamkeit der Zuhörer. Auch eine gute Eröffnung ... aber mit Eröffnungen befassen wir uns ein wenig später in diesem Kapitel.

Erst kürzlich war ich bei einer Präsentation eines Management-Entwicklungsprogramms eines großen internationalen Unternehmens. Um der ganzen Veranstaltung echte Schubkraft zu verleihen, wurde der CEO eingeladen, die Eröffnungsrede zu halten. Der versammelte Trupp der 40 Manager erwartete die Präsentation des neuen jungen CEO mit einer Mischung aus Zynismus und Beklommenheit. Es war noch keine Woche her, seit bekannt wurde, dass im Unternehmen etwas absolut falsch lief. Sie alle erwarteten von diesem intelligenten und scharfsinnigen Vorsitzenden irgendeine politisch korrekte »Wende«. Als er mit seiner Rede begann, erbat er Fragen aus den Reihen der Zuhörer, zu allem, was er im Verlauf seiner Rede sagen würde (und das an sich war schon ein unerwartetes Angebot).

Nach ungefähr zehn Minuten begann es sich anzuhören, als ob die Zuhörer tatsächlich lediglich eine gut vorbereitete »Wende«, die in dieser Form sowieso jeder von ihm erwartete, zu hören bekämen. Plötzlich hob einer der Zuhörer den Arm und stellte die Frage: »Was halten Sie nun wirklich von diesem ganzen Schlamassel?« Der CEO hatte ganz eindeutig eine vorbereitete Antwort auf diese zu erwartende Frage. Aber er ging damit völlig anders um. Er antwortete: »Gut, ich weiß, was ich Ihnen sagen sollte ... aber ich denke, Sie verdienen es zu hören, was ich wirklich denke. Ab jetzt gelten die *Chatham-House-Regeln* ... es geht los ...« Und von diesem Moment an waren die Zuhörer – ich eingeschlossen – an ihre Stühle gefesselt. Es hatte den Anschein, als würden wir einige wichtige Unternehmensgeheimnisse zu hören bekommen und deshalb lauschten wir gespannt. Es war klar, dass der CEO nicht alle anwesenden Personen kennen konnte, und es stellte sich eigentlich die Frage, ob er ihnen tatsächlich seine innerste geheime Meinung anvertrauen konnte. Und ich weiß nicht, ob wir nicht auf eine sehr schlaue Weise manipuliert wurden. Doch allein die Vorstellung, dass er uns seine »innersten Gedanken« anvertrauen könnte, war seinerseits ein ganz gerissener Schachzug. In den nächsten 30 Minuten lauschten wir und erinnerten uns danach an jedes Wort.

> Die *Chatham-House-Regel* (für diejenigen, die sie nicht kennen): Wenn das englische Royal Institute for Internal Affairs unter den »The Chatham House Rules« eine Konferenz abhält, dann können die Teilnehmer sagen, was sie wollen und brauchen nicht zu befürchten, dass ihnen Nachteile entstehen oder etwas über ihre Identität etc. nach außen dringt. Die Chatham-House-Regel wird zuweilen wie oben beschrieben genutzt, wenn leitende Angestellte und Politiker, auch wenn sie nicht dem RIIA (Royal Institute for Internal Affairs) angehören, offen und vertraulich sprechen wollen.

Erzähle mir eine Geschichte

In den USA wird das »Überzeugen von Geschworenen« sehr gründlich studiert. (Es gibt sogar Geschworenen-Berater, die Anwälten empfehlen, was Gruppenentscheidungen in welchem Maße beeinflussen kann.) Vor einigen Jahren wurde entdeckt, dass, wenn ein Anwalt ein sehr wichtiges Thema unbedingt dem kollektiven Gedächtnis der Geschworenen vermitteln will, er es mit einer bekannten Geschichte in Verbindung bringen sollte. Je »jünger« die Geschichte ist, wenn man das Alter der Zuhörer berücksichtigt, wann sie die Geschichte erstmals gehört haben, umso effektiver würde sie wahrscheinlich wirken. Als besonders effektiv gelten Verbindungen zu biblischen Gleichnissen, Fabeln, Kinderreimen und Märchen.

Geschichten und das Erzählen von Geschichten sind wahrscheinlich die bekanntesten und beliebtesten Merkmale aller Kulturen. Wir Menschen verfügen über die fest in uns verankerte Fähigkeit, Geschichten zu erzählen, und uns verbindet der tiefe Wunsch, Geschichten zu hören. Jahrtausendelang haben Religionen Anhänger und Jünger angezogen und Grundregeln nicht durch faktische Analysen, sondern durch Geschichten, Gleichnisse und Erzählungen weitergegeben. Die Fabeln von Äsop, die Epen des Homer und Shakespeares Dramen haben die Jahrhunderte überdauert und sind ein Teil unserer Kultur geworden, weil es außerordentlich gute Geschichten sind. Seit Beginn des letzten Jahrhunderts haben die Anthropologie, die Soziologie und die Psychologie von C. G. Jung aufgedeckt, dass das »Geschichten erzählen« und die Liebe für Geschichten zu den prägenden Eigenschaften des Menschen zählen. Wenn Sie als Redner in Erinnerung bleiben wollen, dann stellen Sie sicher, dass der Mittelteil Ihrer Präsentation reichlich Geschichten und Anekdoten enthält.

Hier sind einige kurze, reale Beispiele, die ich im letzten Jahr in drei erfolgreichen Reden gehört habe:

Eine große multinationale Management-Konferenz:
»Da wir nun weiterhin in diesem Markt kämpfen, müssen wir daran denken, dass ein dominantes Unternehmen unserer Größe nicht immer beliebt sein kann. Man betrachtet das wie die Fehde zwischen David und Goliath. Und nur selten hört man, dass sich jemand auf die Seite des Goliath stellt ... selbst dann nicht, wenn es ein wohlwollender Goliath ist.«

Ein technischer Manager vor dem Vorstand:
»Die Geschichte der Speisung der 5000 ist aus der Bibel gut bekannt. Fünf Brote und zwei Fische wurden zu einer Mahlzeit für die gesamte Menge. Und dann wurden Körbe mit dem gefüllt, was übrig geblieben war. Es mag sich vielleicht verrückt anhören, aber bitte denken Sie über die Parallelen im Fall des Intranet- und des Extranet-Portals in diesem Unternehmen nach. Wir haben keine Brote oder Fische, aber wir haben fünf Techniker und zwei Webseiten. Diese wenigen Ressourcen bieten einen Service, der mit 50 000 Mitarbeitern und Kunden auf der ganzen Welt kommuniziert. Der Umfang des Feedbacks, den wir nun von diesen Leuten erhalten, gibt uns zehnmal mehr zurück als wir uns jemals vorstellen konnten. Und deshalb bitte ich Sie um eine weitere Investition von einer Million Dollar, damit wir zum Wohl des Unternehmens ... ein ähnliches Wunder bewirken können.«

Eine »Dritte Welt«-Gesundheitskonferenz:
»Doch, wir können dieses Thema von zwei Seiten aus betrachten. Einmal als den schnellen Weg, den manche Leute jetzt nehmen möchten oder als einen effektiveren Weg. Wie uns Gerry Norris vom Kings College Institute, ein ausgewiesener Experte auf dem Gebiet der Arzneimittelresistenz letzte Woche erklärte: ... Es ist wie in der Geschichte mit dem Hasen und dem Igel. Der Igel steht für die sorgfältige Entwicklung des neuen Impfstoffs, während der Hase für den sofortigen Einsatz noch nicht getesteter Impfstoffe steht. Es

hat den Anschein, als ob die WHO (Weltgesundheitsorganisation) in ihrem ehrenhaften Bemühen, Millionen von Afrikanern zu behandeln, wie ein Hase rennt. Aber wir alle wissen, wer letztlich den Wettlauf gewonnen hat.«

Eine Präsentation auf einer Konferenz von Vertriebsmanagern (tatsächlich eine meiner üblichen Geschichten, aber das soll Sie nicht weiter stören):
»Wenn Sie den ganzen Tag in Ihrem Büro in Ihrem Sessel sitzen, wird Ihnen das kaum Geschäfte einbringen. Ich hatte einmal einen Verkaufsleiter, sein Name ist Bruce Cantle. Bruce war ein höflicher Mann, ein erfolgreicher leitender Angestellter und auch ein großartiger Schauspieler. Manchmal tauchte er morgens in der Vertriebsabteilung auf. Er sah sich dann im Büro um und wunderte sich, dass so viele Leute an ihren Schreibtischen saßen, insbesondere die neuen Außendienstmitarbeiter, die doch draußen sein und Kaufverträge abschließen sollten. Dann sah Bruce sich einen Augenblick lang um und ging schnell zu einem seiner Mitarbeiter, sprach ihn mit seinem Namen an. ›Bob ... Bob, weshalb bist du hier?‹, rief er. Dieser Pechvogel begann dann irgendetwas darüber zu murmeln, dass er sich gerade vorbereiten würde, seine Verkaufsunterlagen ordnen, Briefe schreiben, Angebote erstellen und derartige Sachen. Bruce hörte immer zu und begann dann zu schreien: ›Oh nein! ... Weißt du, was das ist? Das ist eine Ausrede! Schau, du bist ein junger Mann, der gerade im Verkaufsgeschäft anfängt, und du hast noch nicht erkannt, dass es hier im Büro keine Kunden gibt. Aber vielleicht glaubst du ja, es sind welche da ... sollen wir einmal zusammen nachsehen?‹

Dann hielt Bruce die Hand über seine Augen, wie jemand, der in der Ferne etwas sucht. Dann schaute er sich einige Augenblicke um und sagte: ›Nein, hier im Büro ist garantiert kein Kunde.‹ Und dann rannte er zum Fenster und rief: ›Komm her und sieh selbst. Dort draußen sind sie ... da unten auf der Straße und in den anderen Büros! Mach schnell, geh raus und sprich mit ihnen. Ich sehe doch, dass ihre Taschen voller Geld sind!‹

Und dann rauschte er, ganz zum Vergnügen aller Anwesenden (außer dem unglückseligen und doch reuevoll lächelnden Opfer) aus dem Büro und hinterließ damit eine ausgezeichnete Botschaft:

Es waren tatsächlich keine Kunden im Büro. Wenn Sie mehr Geschäfte machen wollen, dann müssen Sie Ihre vier Wände verlassen, egal ob es Ihr Haus ist, Ihr Büro oder irgendein Kämmerchen.«

Das sind einige ganz einfache Beispiele. Sie können Ihre Geschichte in manchen Fällen viel weiter ausdehnen. Immer wenn Sie eine Geschichte anwenden, sollte sie jedoch mindestens sechs der folgenden sieben Elemente beinhalten:

- Interesse an Menschen.
- Dramatik oder Gefühle.
- ein Ziel oder eine Vorstellung.
- einen zeitlichen Bezug.
- Worte, die geistige Bilder erzeugen.
- Sie sollten Pausen einbauen, um ein wenig Spannung aufzubauen.
- eine Botschaft, die etwas mit Ihrem Anliegen zu tun hat.

Einige Gründe, die dafür sprechen, eine Geschichte zu verwenden:

- Um ein Verhältnis zu einem Publikum aufzubauen, das Sie nicht kennen.
- Um die Zuhörer nach dem Mittagessen aufzuwecken.
- Um eine mögliche negative Einstellung gegenüber Ihrem Thema zu beseitigen.
- Um Kritiker zum Schweigen zu bringen, die Ihr Thema nicht verstehen.
- Um es Vorgesetzten oder Sachkundigen einfacher zu machen, etwas Neues zu erfahren, ohne ihr Gesicht zu verlieren.
- Um zynischen Zuhörern zu helfen, sich vorstellen zu können, Ihre Idee, Ihr Produkt oder Ihre Dienstleistung zu unterstützen oder anzuwenden.
- Um einem Publikum, das aus möglichen Kunden besteht, komplexe Zusammenhänge verständlich zu machen.

Wie Gilbert, in dem Duett von Gilbert und Sullivan, in einer Operette aus dem 19. Jahrhundert singt:»Derjenige, der seinen

Mitmenschen klug macht, sollte die philosophische Pille vergolden.
Jack Point, Yeoman of the Guard

Gute Redner benutzen sehr oft Geschichten. Vergessen Sie die Geschichten nicht, sondern verwenden Sie sie.

Nutzen Sie die Chaos-Theorie – und stellen Sie eine wirklich gute Präsentation zusammen

Nun, da Sie wissen, was es ist, was Ihren Zuhörern am Ende im Gedächtnis bleibt, müssen Sie darüber nachdenken, wie Sie die Geschichten, Fakten, außergewöhnlichen Betonungen, Wiederholungen, Eröffnungen und Zusammenfassungen zusammenbringen wollen. Hier zeige ich Ihnen, wie es die meisten Leute machen ... ich empfehle es zwar nicht, aber dennoch wollen wir es untersuchen:

Die durchschnittlichen Präsentanten setzen sich mit einem leeren Blatt Papier an einen Tisch. Aus irgendeinem Grund verwenden sie kein Textprogramm ihres Computers (mehr Kreativität?). Auf alle Fälle beginnen sie zu schreiben ...

> *Guten Morgen, sehr geehrte Damen und Herren ... in meiner heutigen Präsentation geht es um die Probleme, denen wir uns in einer globalisierten Wirtschaft ausgesetzt sehen, und um die Möglichkeiten, wie wir sie angehen wollen. Wir, im Management, sind entschlossen, die Fortschritte der Konkurrenz aufzuhalten. Wir haben in den letzten Wochen viel Zeit und viele schlaflose Nächte damit verbracht, unsere Möglichkeiten zu untersuchen, und sind nun entschlossen, einen vernünftigen strategischen Plan umzusetzen. Wenn wir auf das letzte Jahr zurückblicken, dann können wir deutlich erkennen, dass die Umsätze geringer ausfielen als prognostiziert. Die zentrale Produktlinie ist nicht mehr der Wachstumsmarkt, der er einmal war, und die neuen Produkte sind noch nicht vorhanden. Dies gibt uns in den Bereichen der ...*

(und dann halten sie an ... »Nein, nein, das sieht nicht gut aus ... hier ist eine stärkere Eröffnung erforderlich ... Ich will den Mittelteil ein wenig nach vorn bringen«)

Und dann streichen sie durch und unterstreichen, und dann sieht es in etwa so aus:

~~Guten Morgen,~~ sehr geehrte Damen und Herren ... ~~in meiner heutigen Präsentation geht es um die Probleme, denen wir uns in einer globalisierten Wirtschaft ausgesetzt sehen, und um die Möglichkeiten, wie wir sie angehen wollen.~~ <u>Wir, im Management, sind entschlossen, die Fortschritte der Konkurrenz aufzuhalten.</u> Wir haben in den letzten Wochen ~~viel Zeit und viele~~ <u>schlaflose Nächte</u> damit verbracht, unsere Möglichkeiten zu untersuchen, und sind nun entschlossen, einen vernünftigen strategischen Plan umzusetzen. Wenn wir auf das letzte Jahr zurückblicken, dann können wir deutlich erkennen, dass die Umsätze geringer ausfielen als prognostiziert. Die zentrale Produktlinie ist nicht mehr der Wachstumsmarkt, der er einmal war, und die neuen Produkte sind noch nicht vorhanden. Dies gibt uns in den Bereichen der Jahresplanung und der Produktion eine Anstoßwirkung. Unsere Investoren werden uns nur wenig Zeit geben, uns mit diesen Themen zu befassen, bis sie Antworten und Ergebnisse sehen wollen.

Die Welt ist heute ganz anders als zu der Zeit, als das Unternehmen von Lord Etwas von Nirgendwo gegründet wurde. Er verbrachte viele Stunden damit, in den Fabriken herumzulaufen ...

(Und dann halten sie wieder an ... »Sicherlich wäre es eine bessere Idee damit zu beginnen ...« und nun streichen sie weiter durch)

Und dann streichen sie weiter durch und unterstreichen:

~~Guten Morgen,~~ sehr geehrte Damen und Herren ... ~~in meiner heutigen Präsentation geht es um die Probleme, denen wir uns in einer globalisierten Wirtschaft ausgesetzt sehen, und um die Möglichkeiten, wie wir sie angehen wollen.~~ <u>~~Wir, im Management, sind entschlossen, die Fortschritte der Konkurrenz aufzuhalten. Wir haben in den letzten Wochen viel Zeit und viele schlaflose Nächte damit verbracht, unsere Möglichkeiten zu untersuchen, und sind nun entschlossen, einen vernünftigen strategischen Plan umzuset-~~</u>

~~zen. Wenn wir auf das letzte Jahr zurückblicken, dann können wir deutlich erkennen, dass die Umsätze geringer ausfielen als prognostiziert. Die zentrale Produktlinie ist nicht mehr der Wachstumsmarkt, der er einmal war, und die neuen Produkte sind noch nicht vorhanden. Dies gibt uns in den Bereichen der Jahresplanung und der Produktion eine Anstoßwirkung. Unsere Investoren werden uns nur wenig Zeit geben, uns mit diesen Themen zu befassen, bis sie Antworten und Ergebnisse sehen wollen.~~
  ~~Die Welt ist heute ganz anders als zu der Zeit, als das Unternehmen von Lord Etwas von Nirgendwo gegründet wurde. Er verbrachte viele Stunden damit, in den Fabriken herumzulaufen und zu versuchen, seinen ersten Kunden zu finden ...~~

Das geht noch einige Male so weiter, bis das Blatt Papier, milde gesagt, wie ein Müllhaufen aussieht. (Es ist nicht überraschend, dass so viele von ihnen anfangen, sich wie Angsthasen zu fühlen.) Und dann haben sie eine Erleuchtung ... am besten wäre es doch wahrscheinlich, noch einmal ganz von vorn zu beginnen!

Die erste Seite wird vom Schreibblock abgerissen und nun liegt ein frisches weißes Blatt vor ihnen. Die neue Rede wird begonnen und alles läuft gut ... so lange, bis ihnen etwas Neues einfällt ... und dann noch ein neues Blatt ... und dann noch eines. Der Kreislauf des Durchstreichens und der Änderungen wiederholt sich immer wieder. Das Zerreißen der Entwürfe und die Neuanfänge nehmen an Fahrt auf. Tatsache ist, dass der durchschnittliche Redner mindestens drei oder vier Tage braucht, wenn nicht sogar eine ganze Woche, um einen »sehr durchschnittlichen« dreißigminütigen Vortrag zu verfassen. Welch eine Zeitverschwendung dieses leitenden Angestellten. Und wenn Sie es sind ... welch eine Verschwendung Ihrer Zeit.

Selbst wenn Sie ein Textprogramm wie Microsoft Word benutzen und damit die Präsentation auf Ihrem Computer verfassen, werden diese ständigen Neuanfänge, Streichungen und Umstellungen sehr viel Zeit in Anspruch nehmen. Einige Leute bereiten nur ein paar Schaubilder mit wichtigen Stichpunkten vor, und vor jedem Stichpunkt steht ein dicker schwarzer Punkt (sie machen sich keine Notizen), und hoffen, dass (wie es manchmal vorkommt) etwas »Magisches« geschehen wird und ihnen plötzlich aus heiterem Himmel eine überzeugende Rede in den Sinn kommt.

Kein Wunder, dass sie bis zu dem Zeitpunkt, an dem sie hinter dem Rednerpult stehen, zu einem Nervenbündel und einem richtigen Angsthasen geworden sind!

Dennoch liegt in diesem Chaos, das ich oben beschrieben habe, ein wichtiger Anhaltspunkt versteckt. Es ist nicht gut, wenn Sie Ihr Gehirn zwingen, sich auf diesen engen und eingeschränkten Linien des Schreibblocks zu ergießen. Das menschliche Gehirn breitet sich normalerweise aus. Es ist schon ziemlich schwierig, sein Gehirn nur 30 Sekunden lang auf nichts anderes zu konzentrieren als auf eine Sache. Gehirne sind kreativ, erfinderisch, fast unabhängige Computer und kommen immer wieder mit neuen blendenden Ideen. Alles, womit man ein Durchschnittsgehirn füttern muss, ist ein Körnchen einer Idee und dann arbeitet es ohne Hilfen. Es findet Lösungen zu Ihren neuesten Ideen. Aber auch Lösungen, mit denen Sie sich selbst schon vor einer Stunde, vor Tagen oder Wochen beschäftigt haben.

Normalerweise tauchen sie als plötzliche Eingebung, als »Heureka« auf oder als Vision. Dieser ganz normale chaotische Prozess ist der Kern der Kreativität – Sie können diese sofort nutzen.

Eine weitaus bessere Möglichkeit, das Material für Ihre nächste Präsentation zusammenzustellen, bietet eine sogenannte »Konzept-Landkarte«. Diese Konzept-Landkarten sind äußerst nützlich um die Art und Weise zu verbessern, wie Sie Daten ordnen, komplexe Sachverhalte darstellen und Ihr Gehirn ermutigen, etwas kreativer zu sein. Anstatt das Chaos zwischen Ihren Ohren zu bekämpfen, nutzen die Konzept-Landkarten es. Mithilfe einer Konzept-Landkarte bilden Sie die Struktur eines Themas und die verschiedenen Verbindungen zwischen den Punkten ab, die damit in Verbindung stehen, etwa Überschriften, Geschichten, außergewöhnliche Dinge, durch die man die Geschichte interessanter machen kann, aber auch die reinen Fakten, die in den normalen Präsentationsnotizen enthalten sind. Eine Konzept-Landkarte stellt Informationen auf eine Art dar, an die man sich leicht erinnern kann und die schnell zu überschauen ist. Das verhindert mögliche »Neustarts«, weil die Ideen für den Einstieg, den Mittelteil und die Schlussfolgerung beziehungsweise Zusammenfassung direkt vor Ihnen liegen.

Konzept-Landkarten wurden schon vor etwa 30 Jahren von dem Engländer Tony Buzan populär gemacht, der einen Teil davon in ein urheberrechtlich geschütztes System eingebracht hat, das er MindMap© nannte. Buzan fand heraus, dass Studenten sich im Hörsaal Notizen machten und sich daran erinnern konnten, wenn sie diese nicht in linearer Form aufzeichnen mussten. Besser war es für sie, wenn sie die Notizen in einer zweidimensionalen Form festhielten. Der Unterschied zwischen einer MindMap© und einer Konzept-Landkarte ist, dass Erstere nur eine zentrale Idee zulässt, während eine Konzept-Landkarte mehr als nur eine Idee zulässt. Okay, ich weiß, dass ich daran festhalte, dass in einer Präsentation nur ein Kernpunkt wichtig ist, aber ich weiß, dass viele Leute darauf bestehen werden, zwei oder sogar drei Punkte ansprechen zu wollen, die in der nächsten Präsentation unbedingt vermittelt werden müssen. Wenn Sie also wirklich (wirklich) alle drei Punkte vorbringen müssen, dann empfehle ich Ihnen die Konzept-Landkarte. Eine gute Konzept-Landkarte ermöglicht es dem Zeichner, die Form des Themas zu sehen, die relative Bedeutung verschiedener Aspekte und die Art und Weise, wie die Punkte zueinander in Beziehung stehen.

Wahrscheinlich werden Sie bemerken, dass Konzept-Landkarten Ihnen ermöglichen, sich in wesentlich kürzerer Zeit Notizen zu komplexen Themen zu machen, weil sie wesentlich kompakter sind als konventionelle lineare Notizen. Oft brauchen Sie nur ein Blatt Papier. Es wird es Ihnen auch erleichtern, Assoziationen herzustellen. Wenn Ihnen plötzlich wichtige Dinge einfallen, nachdem Sie Ihre Konzept-Landkarte erstellt haben, können Sie diese Gedanken leicht integrieren, ohne dass Sie etwas streichen müssen, das Sie zuvor schon eingetragen haben.

Konzept-Landkarten sind besonders nützlich für

- die Zusammenfassung von Informationen.
- die Zusammenführung von Informationen aus verschiedenen Quellen.
- das Durchdenken komplexer Probleme.
- die Präsentation von Informationen, die die gesamte Struktur Ihres Themas zeigen.

- die Sicherheit, dass die Präsentation um einen Punkt herum angelegt ist.

Eine Konzept-Landkarte kann ebenso effektiv sein wie Gedächtnishilfen. Sie könnten eine Konzept-Landkarte auch als visuelle Hilfe während Ihrer Präsentation verwenden, um die Zuhörer daran zu erinnern, welche Themen mit Ihrem Anliegen in Verbindung stehen. (Hier! ... genau wie ich eine Konzept-Landkarte benutze, die mir hilft, dieses Buch zu schreiben, als mir dieser Gedanke in den Sinn kam.) Die Erinnerung an die Form und die Struktur einer Konzept-Landkarte bietet sehr oft nützliche Hinweise, um sich an die Informationen zu erinnern, die darin enthalten sind. Konzept-Landkarten beschäftigen einen wesentlich größeren Teil des Gehirns, wenn es darum geht, Fakten zu ordnen und miteinander in Verbindung zu setzen, als es konventionelle lineare Notizen tun.

Um eine Konzept-Landkarte anzulegen, gehen Sie wie folgt vor:

1. Schreiben Sie das zentrale Anliegen Ihrer Präsentation, genau wie Sie es früher auch aufgeschrieben haben, ungefähr in die Mitte der Seite und ziehen Sie einen Kreis darum.
2. Für die wichtigen Punkte (Geschichten, verbindende Fakten etc.), die Ihnen ermöglichen, Ihr Anliegen zu vermitteln, finden Sie Unterpunkte und verbinden Sie sie mit Linien, die von diesem Kreis ausgehen. Setzen Sie diese Linien mit den Unterpunkten in Beziehung.
3. Wenn Sie eine weitere Informationsebene mit den Unterpunkten verbinden wollen, dann zeichnen Sie auch diese ein und verbinden sie mit den Unterpunkten.
4. Für einzelne Fakten oder Ideen ziehen Sie Linien vom entsprechenden Punkt und benennen Sie diese Verbindungen entsprechend.

Ein einfaches Beispiel einer Konzept-Landkarte finden Sie auf Seite 70. Sie ist – in diesem Beispiel – um das »Anliegen« des Redners herum gezeichnet. »Die Zuhörer sollen verstehen, dass Nikolaus nicht der Weihnachtsmann ist«, kombiniert mit einem zweiten »Anliegen« ... »Die Zuhörer sollen ebenfalls verstehen, dass Knecht Ruprecht auch nicht der Weihnachtsmann ist.« Das

Publikum ist wahrscheinlich ziemlich gemischt und deshalb muss die Präsentation ein einfaches und allgemein verständliches Thema haben.

Wenn Sie erst einmal alles um Ihr zentrales Anliegen herum aufgeschrieben haben (oder um maximal drei zentrale Punkte herum), dann könnten Sie fast schon anfangen. Es werden noch weitere Ideen folgen, aber das sollte Ihnen keine Sorgen bereiten. Es gibt unendlich viel zu sagen, um Ihr Anliegen zu unterstützen, wie man in der Abbildung gut erkennen kann.

Um nun die einzelnen Punkte aus Ihrer Konzept-Landkarte zusammenzuführen und die ganze Geschichte erzählen zu können, müssen Sie nun genau überlegen, wie Sie alles zusammenfügen wollen. Das Schema*⁾, dem Sie nun folgen sollten, können Sie im folgenden »ASEBA-Modell« erkennen.

1. **A**ufmerksamkeit: Finden Sie etwas auf dieser Landkarte, das schon zu Beginn die Aufmerksamkeit der Zuhörer erregen wird.
2. **S**ie: Sprechen Sie nicht über »Ich« oder »mich«, sondern darüber, wie »SIE« (die Zuhörer) betroffen sind.
3. **E**rklären: Wenn es möglich ist, beziehen Sie die Zuhörer durch Bilder (echte Bilder oder imaginäre Bilder) ein.
4. **B**eispiel: Bieten Sie Beispiele an (Geschichten, Anekdoten).
5. **A**bschluss: Ein großartiger Abschluss ist sehr wichtig (die Zuhörer sollen schließlich in den höchsten Tönen von Ihnen schwärmen), wenn Sie Ihre Präsentation beenden.

Sie werden wie schon weiter vorn auch im obigen Schema erkennen, dass die Eröffnung und der Abschluss außerordentlich wichtig sind. Also müssen Sie unbedingt überlegen, was Sie tun können, um Ihre Präsentation richtig knackig zu machen.

---

*⁾ Ja, auch wenn »ASEBA« keine großartige Eselsbrücke darstellt, ist es dennoch weitaus besser als die Unzufriedenheit, die sie erzeugen, wenn Sie sie nicht beachten und Ihre nächste Präsentation immer noch so gestalten wie Angsthasen das tun.

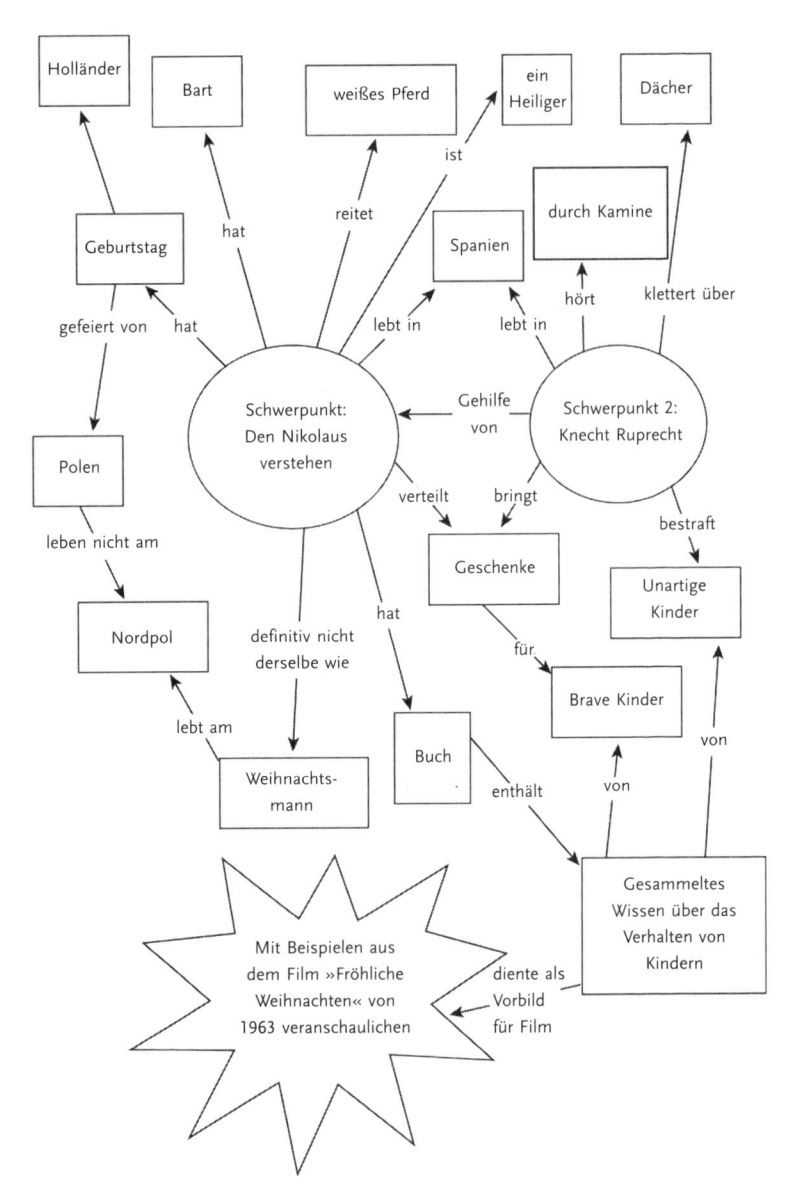

Muster einer Konzept-Landkarte

Schwerpunkt: Den Nikolaus verstehen
- hat → Bart
- hat → Geburtstag
  - gefeiert von → Polen
  - Polen leben nicht am → Nordpol
- reitet → weißes Pferd
- lebt in → Spanien
- ist → ein Heiliger
- Gehilfe von ← Schwerpunkt 2: Knecht Ruprecht
- verteilt → Geschenke
  - für → Brave Kinder
- hat → Buch
  - enthält → Gesammeltes Wissen über das Verhalten von Kindern
- definitiv nicht derselbe wie → Weihnachtsmann
  - lebt am → Nordpol
  - Holländer ← (Geburtstag)

Schwerpunkt 2: Knecht Ruprecht
- lebt in → Spanien
- hört → durch Kamine
- klettert über → Dächer
- bringt → Geschenke
- bestraft → Unartige Kinder
- von → Gesammeltes Wissen über das Verhalten von Kindern

Mit Beispielen aus dem Film »Fröhliche Weihnachten« von 1963 veranschaulichen
- diente als Vorbild für Film ← Buch

4. Wie werden Sie schließen?

Seit ich angefangen habe zu arbeiten, habe ich viele Präsentationen, Reden und Vorträge erlebt. Ich würde sagen, es waren bis heute etwa 400 bis 500 Präsentationen. Die meisten davon waren nicht nur schrecklich, sie waren schlimmer als schrecklich. Die durchschnittliche Präsentation endet schlecht, weil das Ende für den Redner ebenso überraschend kommt wie für die Zuhörer. Der Redner – dessen Vortrag während der vorangegangenen 30 Minuten in den meisten Fällen durch das immer nächste Schaubild souffliert wurde – drückt nun wieder auf die Taste und ... nichts geschieht. Ein leerer Bildschirm erscheint und oft ist darauf nur noch eine Botschaft des Computers zu erkennen, die dem Präsentanten sagt, »Junge, das war das letzte Schaubild«. Dann lacht der Redner nervös und wendet sich an seine Zuhörer: »Oh ja, ... gut! ... Ich denke, das war es dann wohl ... also (*an dieser Stelle werden die Körpersprache und der Gesichtsausdruck sehr unsicher und der Redner wird ein richtiger Angsthase*) ... also ... Hat jemand noch irgendwelche ... äh ... Fragen? ... Nein? ... Doch? ... Nein? ... Gibt es noch etwas? ... Nein? ... Gut, dann (Jetzt schaut er Hilfe suchend ins Publikum, ob ihm jemand beisteht. Meist aber vergeblich.) ... Ich denke, dann ist es nun an der Zeit für eine Pause!«

Zu diesem Zeitpunkt drängen sich alle nach draußen, haben schon keine Ahnung mehr von dem, was sie gerade gehört haben, sind aber höchst erfreut, gleichgültig was sie gehört haben, dass es nun vorbei ist. Sogar wenn ich in Hotels im Ausland bin, wo ich nicht einmal die Landessprache beherrsche, beobachte ich oft Versammlungssäle, wenn sie sich bei Pausen oder zur Mittagszeit leeren. Die Körpersprache der Zuhörer spricht Bände. Im Allgemeinen sehen sie erleichtert aus, aber das Kopfschütteln und das grimmige Lächeln scheinen zu sagen »Was auch immer wir da drin gerade gehört haben ... das hatte mit mir überhaupt nichts zu tun.«

Hilfe naht

Zuerst einmal, gleichgültig, wie schrecklich Sie sich fühlen, wenn Sie als Redner im Saal zurückbleiben – auch wenn Sie dieses Buch gelesen haben –, habe ich für Sie einen kleinen Zauberspruch. Es ist eine Formel, die sogar die gelangweiltesten Zuhörer aufwecken wird. Sie ist nur sechs Wörter lang und Sie können diesen Zauber in einer Präsentation nur einmal verwenden. Wenn Sie diese Wörter benutzen, dann werden selbst die »Toten« in den letzten Reihen im Saal aufgerüttelt. Spiele wie »Schere, Stein, Papier« und das Weiterreichen von Zettelchen werden sofort aufhören. Die Leute, die ganz offen auf ihrem Laptop oder Blackberry E-Mails schreiben (so vertreiben sich heutzutage immer mehr Zuhörer die Zeit) werden damit aufhören und aufpassen.

Wenn Sie diese Zauberworte sagen, dann werden Sie sehen, wie die Stifte wieder zur Hand genommen werden, und Papier wird rascheln, wenn sich die Leute darauf vorbereiten, endlich wieder aufzupassen. Und hier ist der Zauberspruch:

> »Zum Schluss möchte ich zusammenfassend sagen ...«

Ich habe das auf der ganzen Welt ausprobiert und es funktioniert immer, ohne eine einzige Ausnahme. Sie **können** diesen Zauberspruch in einem Vortrag nur ein einziges Mal verwenden, und doch muss er im menschlichen Gehirn wie eine Sirene wirken. Sobald Sie diese Worte sagen, verstehen die Zuhörer – auf einer tiefen, unbewussten, beinahe animalischen Ebene –, dass sie nun eine kurze Zusammenfassung und Tipps erhalten werden, was sie zu tun haben. Die Tatsache, dass durchschnittliche und ängstliche Redner es meistens nicht schaffen, von dieser reflexartigen Reaktion zu profitieren, ist höchst bedauerlich. Wissenschaftliche Untersuchungen zeigen, dass potenzielle Kunden sogar am Ende einer durchschnittlichen Präsentation einen Befehl oder einen Hinweis darauf erwarten, was sie als Nächstes tun sollen. Doch die meisten Verkäufer verlangen nur sehr selten etwas. Sie sagen etwas wie »Gut, das ist also das Produkt ... Ich lasse Sie noch ein wenig nachdenken ... und warte darauf, von Ihnen zu hören. Auf Wiedersehen!« Es ist genau das Gleiche wie bei spontanen Reden. Die Zuhörer sind plötzlich bereit, voller Erwartung, und der Redner verlangt nichts außer vielleicht eine klägliche Frage ... und dann ... dann ... schickt er sie in eine Kaffeepause!

Sie sollen Sie in den höchsten Tönen loben
Ich bin kein Anhänger des Auswendiglernens, aber wenn es eine Situation gibt, in der man eine auswendig gelernte Botschaft vortragen sollte, dann hier. Ein guter Abschluss ist wahrscheinlich der wichtigste Teil Ihres Vortrags. Er sollte Ihre Zuhörer wirklich entzünden. Ein guter Abschluss sollte aus drei Teilen bestehen:

- **Zusammenfassung:** Er sollte nichts Neues sein; er sollte die Hauptpunkte Ihres Anliegens unterstützen.
- **Prägnante Struktur:** Bringen Sie Ihr Anliegen auf den Punkt ... dies ist ein Exzerpt und keine Neuauflage Ihres gesamten Vortrags.
- **Aufruf zum Handeln:** Er sollte den Zuhörern sagen, was Sie von ihnen als Nächstes erwarten.

»*Letztlich ... zusammenfassend ... möchte ich Ihnen Folgendes sagen! Sie wissen, weshalb Veränderungen in Ihrem Unternehmen unerlässlich sind, sie sind überfällig und nicht so teuer, wie viele von uns einmal gedacht haben. Die Dringlichkeit wurde im letzten Jahr aufgezeigt, als wir entdeckten, dass unser Kerngeschäft von unserer Konkurrenz gewinnbringend abgegrast wurde. Wir wissen, dass Veränderung überfällig ist, weil wir erkannt haben, dass nahezu alle anderen Unternehmen mit einer Strategie des »Hoffens auf bessere Zeiten« verlieren. Die tragische Geschichte, die ich Ihnen über die einstmals mächtige XYZ GmbH erzählt habe, ist eine Warnung für uns alle. Und die Kosten dieser Veränderung sind, wie Sie gerade gesehen haben, deutlich geringer als einige Schwarzmaler vorhergesagt haben. Es ist ganz einfach nötig, dass wir anwenden, was wir wissen, und es effektiver tun. In der nächsten Woche verlange ich von jedem von Ihnen eine realistische Einschätzung dieses neuen aggressiveren Konzepts. Denn ohne dieses Konzept wird dieses Unternehmen – Ihr Unternehmen – nicht überleben. Vielen Dank.*«

Um diesen guten Abschluss auf ein noch höheres Niveau anzuheben, können Sie zum Obigen noch eine nette kleine Verfeinerung hinzufügen. Dann wird daraus ein doppelter Abschluss.

Der doppelte Abschluss

Der doppelte Abschluss ist am wirkungsvollsten, wenn Sie die Möglichkeit haben, am Ende Ihrer Präsentation Fragen zu beantworten. Wenn Sie sich dafür entscheiden, Fragen zu beantworten, dann sollten Sie Folgendes sicherstellen:

a) Sie müssen Ihr Thema beherrschen.
b) Sie müssen sich auf einige schwierigere Fragen einstellen, die auf Sie zukommen könnten. (Hoffen Sie nicht, dass sie nicht gestellt werden. Wenn jemand sie stellt, was **werden** Sie dann sagen? Später jedoch noch mehr zu Fragen und Antworten.)
c) Seien Sie ehrlich und sagen: »Eine gute Frage ... ich weiß es im Augenblick nicht, aber ich werde es herausfinden und wieder auf Sie zukommen.«

Weshalb diese Kombination? Es ist ganz einfach. Sie hinterlässt bei den Zuhörern den Eindruck, dass Sie die Sache völlig unter Kontrolle haben. Sie zeigt, dass die letzte Erinnerung Ihre zentrale Botschaft ist und nicht die Antwort auf die letzte Frage. Diese Kombination hinterlässt trotz allem, einschließlich der eigenartigen aggressiven Frage, ein Gefühl von Zuversicht, dass Sie über Durchsetzungsvermögen verfügen und die Sache bis zum Ende durchziehen werden (gleichgültig was auch sein mag).

So schließen Sie doppelt ab:

1. **Halten Sie sich zunächst an Ihren normalen Abschluss** (so wie oben dargestellt): »Letztlich ... zusammenfassend ... möchte ich Ihnen Folgendes sagen ...« Zusammenfassung ... Stichpunkte ... Aufruf zum Handeln.
2. **Dann nehmen Sie Fragen entgegen:** Und sagen Sie nicht »Haben Sie noch irgendwelche Fragen?«, sondern »*Welche* Fragen haben Sie?« Das ist stärker und drückt mehr Selbstvertrauen aus.
3. **Wiederholen Sie Ihren normalen Abschluss wie zuvor:** Nach den Fragen und Antworten, wenn es zweifelsfrei keine Fragen mehr gibt, dann sagen Sie, ohne um Erlaubnis zu bitten: »Meine Damen und Herren, ich möchte noch einmal unterstreichen, weshalb diese Sache so wichtig ist ...« *Zusammenfassung ... Stichpunkte ... Aufruf zum Handeln.*

Für viele angehende gute Redner scheint das zu viel des Guten zu sein. Ich versichere Ihnen aber, dass dies nicht der Fall ist. Der doppelte Abschluss stellt sicher dass alles, woran die Zuhörer sich noch sicher erinnern können, Sie und Ihre Botschaft sind. Und es ist wesentlich kraftvoller als: »Nun, ich glaube, das wäre es dann … Ich denke, es ist Zeit für einen Kaffee.«

Die Applaus-Falle
Beinahe hätte ich vergessen zu fragen … wie viel Beifall hätten Sie gern für Ihre Rede? Echtes Klatschen oder Trommeln auf den Tisch oder was dort, wo Sie gerade sind, sonst noch als echter Beifall angesehen werden kann? Ich weiß, dass Sie wahrscheinlich für ein Unternehmen arbeiten, in dem interne Präsentationen, wie gut sie auch sein mögen, in der Regel bestenfalls mit einem Kopfnicken und vielleicht ein wenig zustimmendem Gemurmel belohnt werden … aber niemals mit »wirklichem Applaus«. Möchten Sie, dass ich Ihnen einen rhetorischen Trick mit auf den Weg gebe, der von Politikern auf der ganzen Welt angewendet wird um sicher zu sein, dass sie an der richtigen Stelle Applaus erhalten, besonders aber am Ende?

Gut, ich zeige Ihnen, wie es geht. Es wird Sie vielleicht überraschen, aber es hat mit dem, was Sie sagen, tatsächlich nur wenig zu tun, dafür aber sehr viel mit der Art und Weise, wie Sie es sagen. Ich benutze diesen Kunstgriff gemeinerweise auch oft am Ende meiner Seminare und Workshops zum Thema Präsentationstechniken. Dann, wenn der Applaus abgeklungen ist, sage ich den Teilnehmern genau, was ich getan habe, damit sie applaudieren.

Der Begriff clap trap (im Deutschen: Applaus-Falle) leitet sich vom englischen Theater des 18. Jahrhunderts ab. Nathamiel Baileys Wörterbuch aus dem Jahr 1721 definiert sie wie folgt: »*Applaus-Falle, ein Name, der den Worten und Reimen gegeben wurde, die Dramatiker den Schauspielern extra zuschrieben, um sie zu erfreuen: gewissermaßen eine Falle, um den Beifall der Zuschauer zu provozieren.*«

Heute wird eine einfache Methode der Applaus-Fallen-Technik sehr oft im Rahmen von politischen Versammlungen verwendet um sicherzustellen, dass die Leute während der Rede des Parteivorsitzenden im richtigen Moment applaudieren. Im einfachsten Beispiel befinden sich unter den Zuschauern oder hinten im Vortragssaal einige Leute, die zu klatschen beginnen, wenn die Präsentation an einer vorgegebenen Stelle im Redemanuskript angekommen ist. Wie eine Schafherde, fällt der Rest der Anwesenden normalerweise in den Beifall ein. Doch eine etwas verfeinerte Methode, die oft von guten professionellen Rednern angewendet wird, trägt den Namen:

Die dreiteilige Liste
Eine dreiteilige Liste, die entworfen wird, um Beifall zu verursachen, besteht aus einer Liste dreier wichtiger Elemente (die normalerweise mit etwas in Verbindung stehen, das die andere Seite noch nicht getan hat, oder zu einem früheren Problem). Dem folgt unmittelbar eine einzige nachdrückliche Aussage über den gegenwärtigen – hervorragenden – Stand der Dinge (durch die Zuständigkeit von unserer Seite) oder die Tatsache, wie es sein wird, wenn unsere Seite die Kontrolle übernehmen wird. Ein wichtiger Bestandteil ist darüber hinaus der sich wiederholende Rhythmus der Satzkonstruktionen und die Art und Weise, wie der Redner seinen Körper einsetzt, während er die Applaus-Falle anwendet. Typischerweise läuft das so ab: [Der Körper des Redners ist sehr ruhig – die Stimme moderat] »Die anderen sagten, sie würden die Steuern senken ... sie taten es aber nicht. [Pause ... der Redner sieht wieder ins Publikum – die Stimme ist immer noch moderat] Die anderen sagten, sie würden unsere Krankenhäuser verbessern ... aber sie taten es nicht ... Aber [der Körper bewegt sich emphatisch auf und ab, er lehnt sich bei jedem Wort nach vorn – die Stimme wird nun deutlich lauter] **wir sind bereit und werden es mit Sicherheit tun!**«

An diesem Punkt werden die Zuhörer mit fast hundertprozentiger Garantie applaudieren. Der Grund ist, dass es mehr mit Rhythmus, Körpersprache und Nachdruck zu tun hat als mit dem, was tatsächlich gesagt wird.

Alles hängt vom Rhythmus ab:

> Blah de blah de blah ... blah blah blah [Stille]
> Blah de blah de blah ... blah blah blah [Stille]
> Blah de blah de blah ... blah blah blah [Stille]
> BLAH ... BLAH ... BLAH ... DE BLAH
> ... BLAH! ... BLAH! [Körperbewegung –
> eindringlicher Ton der Stimme]

Glauben Sie wirklich, dass das heute niemand mehr benutzt? Wenn Sie einen erfahrenen Redner – insbesondere einen älteren Politiker – auf einem der nächsten Parteitage beobachten, oder seine Rede im Fernsehen übertragen wird, dann wird Ihnen ein ganzer Kronleuchter aufgehen! Sie werden – sehr zu Ihrem Entsetzen oder Ihrer Belustigung – sehen, wie diese Technik der dreiteiligen Applaus-Falle immer wieder eingesetzt wird und tatsächlich immer wieder Applaus heraufbeschwört. Wenn Sie sich entscheiden, diese Technik zu verwenden, dann werden Ihre Kollegen und Feinde sich mit Sicherheit fragen, wie Sie das gemacht haben – aber Sie wissen es ja jetzt.

5. Wie werden Sie beginnen?

Ein Landwirt hatte einen Esel. Er war ein gutmütiges Haustier. Die Kinder des Bauern liebten den Esel und er wurde geknuddelt, gestreichelt und ständig von allen gehätschelt. Trotz des üblichen Rufs der Sturheit der Esel war dieser hier fantastisch; er kam, wenn er gerufen wurde, ohne dass man ihn schlug oder auf eine andere Weise schlecht behandelte. Eines Morgens ging der Bauer hinaus, um ihn wie üblich zu füttern. Doch anstatt dass der Esel über seine Weide zu ihm trottete, blieb er, wo er war. Er blieb einfach sitzen! Der Bauer rief das Tier und rief es wieder, aber der Esel bewegte sich immer noch nicht. Der Bauer ging quer über die Weide, wo der Esel saß, und bemerkte, dass er bei bester Gesundheit zu sein schien; er wollte sich nur nicht bewegen.

Verwundert rief der Bauer den Tierarzt an, der sofort versprach zu kommen, um zu sehen, was da nicht in Ordnung war. Als der

Tierarzt angekommen war, ging er mit dem Bauern über die Weide auf den Esel zu. Der Bauer klärte den Tierarzt unterwegs über den »Haustiercharakter« des Esels auf. Dass dem Esel nie etwas angetan wurde, dass alle freundlich mit ihm sprachen und das normalerweise reichte. Der Tierarzt sagte, dass er auch freundlich mit dem Tier sprechen würde. Deshalb war der Bauer überrascht, als der Tierarzt plötzlich einen langen Stock aufhob, der auf der Weide lag. Als er sah, dass der Tierarzt auf den sitzenden Esel zuging und ihm mit dem Stock einen heftigen Hieb auf den Kopf versetzte, protestierte der Bauer sofort. »Ich dachte, Sie würden mit dem Tier ruhig sprechen!« explodierte er. »Ja, ich werde mit ihm ruhig sprechen«, antwortete der Tierarzt, »aber zuerst muss ich seine Aufmerksamkeit erregen!«

Beauftragen Sie eine Werbeagentur, an einer Werbekampagne für Ihr Unternehmen zu arbeiten, und Sie werden bemerken, dass ein Thema die ersten Wochen dominiert: die Headline. Wenn es Ihnen nicht gelingt, potenzielle Kunden mit Ihrem Titel anzusprechen, wie wollen Sie sie dann dazu bringen, den Rest der Anzeige zu lesen? Weshalb glauben Sie, finden Sie in den Zeitungen Schlagzeilen, die provokativ und dramatisch sind? **Drama! Schock! Terror!** finden Sie selbst in seriösen Zeitungen im Übermaß. Das englische Satiremagazin *Private Eye* veröffentlichte normalerweise immer ein Jahrbuch mit Originalschlagzeilen aus den nationalen Zeitungen. Eine Schlagzeile, an die ich mich erinnere, lautete: »**Gefahr eines Grippe-Horrors: Terror droht.**«

Natürlich liegt der Grund dafür darin, dass Sie die Zeitung kaufen oder auf diesem oder jenem Fernsehkanal bleiben sollen. Doch genau dieses trifft auch auf geschäftliche Präsentationen zu. Wie wird es Ihnen gelingen, die Zuhörer schon zu Beginn ausreichend zu fesseln, dass man Ihnen auch in den nächsten 30 Minuten zuhört? Sollen Sie provozieren? Sollen Sie die Zuhörer zum Lachen bringen? Sollen Sie sie begeistern? Wie sollen Sie ihre Aufmerksamkeit erlangen?

Sie beginnen mit dem üblichen geschäftsmäßigen »Guten Morgen, meine Damen und Herren ... heute möchte ich über ... sprechen.« Das ist genau das, was Ihre drei Vorredner bereits gesagt haben, und wahrscheinlich werden Sie damit keinen Erfolg haben. Der größte Teil der Zuhörer wird, bis Sie richtig begonnen haben, sanft eingeschlafen sein. Ich weiß, dass die klassischen Bücher über öffentliche Reden den geheimnisvollen alten schottischen Priester zitieren, der, als er gefragt wurde, wie es ihm gelinge, seine Predigten so fesselnd zu machen, antwortete:

> Zuerst sage ich ihnen, was ich sagen werde.
> Dann sage ich es ihnen.
> Und dann sage ich, was ich gesagt habe.

Das ist tatsächlich ein ziemlich guter Rat, der Sie auf das Niveau eines durchschnittlich guten Vortragsredners bringt. Aber wenn Sie dieses Buch lesen, dann werden Sie Techniken lernen, die Sie aus der Klasse der durchschnittlichen Angsthasen herausheben und Sie in den Status der überaus seltenen gut vorbereiteten Redner heben. Und um sich als jemand auszuzeichnen, bei dem es sich lohnt zuzuhören, müssen Sie tatsächlich auf ein höheres Niveau kommen.

Das Publikum, vor dem Sie präsentieren, muss aus seinem Schlummer aufgeweckt werden. Was können Sie also tun? Nun, es ist jetzt nicht unbedingt an der Zeit, zur Anregung einen schnellen Blick in die eher unkonventionellen Zeitungen wie *The National Enquirer* zu werfen, der die folgende Überschriften bereithält: **»Bus auf dem Grund des Pazifik entdeckt!«** oder **»WD40**[*] **heilt Arthritis.«** Dennoch, es gibt zahlreiche Möglichkeiten, die Leute wach und aufmerksam zu halten, und das müssen sie zu Beginn einer jeden Rede auch sein.

Die beste Möglichkeit, genau dies zu erreichen, ist, die üblichen Schemata zu durchbrechen. Tun Sie nicht, was jeder andere auch tut, nur weil »wir es immer so machen.«

Die Eröffnung mit einer Frage

Anstatt mit einer Aussage zu beginnen (»Heute werde ich über ... sprechen. Blah, blah, blah ...«), könnten Sie die Zuhörer zur Abwechslung etwas fragen! Fragen sind die besten »Aufmerksamkeitserreger« der Welt. Verkäufer wissen, dass, wenn man jeman-

---

[*] WD 40 ist ein altes, aber hervorragendes Mittel zu Rostlösung und Rostverhinderung.

den überzeugen will, eine einzige Frage mehr wert ist als zwanzig Antworten. Denn wenn Sie jemandem eine Frage stellen, dann ist es so, als würden Sie ihn am Revers packen und ihn zu sich herumreißen. Jeder, dem Sie gerade eine Frage gestellt haben, ist gezwungen, über das nachzudenken, was Sie wissen wollen.

»Guten Morgen ... bevor ich beginne, möchte ich Sie gern etwas fragen. Wie viel Zeit verbringt der durchschnittliche Verkäufer in diesem Unternehmen im Durchschnitt täglich mit Kunden?«

oder

»Meine Damen und Herren, ich habe eine sehr dringende Frage an Sie, die Sie bitte schnell beantworten wollen. Wie viele große Explorationsaufträge konnte unser Unternehmen im letzten Jahr abschließen?«

(In beiden Fällen sollten Sie eine Pause machen und gedanklich bis zehn zählen ... es wird den Anschein haben, als seien es zehn Minuten. Haben Sie dann die ungeteilte Aufmerksamkeit Ihrer Zuhörer? Höchstwahrscheinlich ja.)

Die schweigende Eröffnung
Erinnern Sie sich an Ihren Lehrer in der Schule ... an denjenigen, vor dem alle den größten Respekt hatten? Nicht an den Lehrer, der herumschrie und kreischte, sondern an denjenigen, dessen reine Präsenz ausreichte, um ein ganzes Klassenzimmer zur Ruhe zu bringen. Erinnern Sie sich an den Lehrer, der ganz ruhig in das brüllende Chaos eines Klassenraums kam und am Pult stehen blieb, bis die ganze Klasse sehr schnell ruhig wurde und in Totenstille verharrte; kein einziges Wort wurde gesprochen. Was dieser Lehrer konnte, das können Sie auch.

Wenn Sie aufgerufen werden, Ihre Präsentation vorzutragen, dann beeilen Sie sich nicht. Starke und bestimmt auftretende Menschen haben es nicht nötig, sich zu beeilen. Sie schlendern, und wenn sie vorn angekommen sind, dann machen Sie erst eine Pause (Sie zählen bis zehn) ... und dann lächeln Sie und sehen sich im ganzen Raum um. Wenn jemand unter den Zuhörern sich mit seinem Nachbarn unterhält oder flüsternd einen Anruf auf dem Mobiltelefon beantwortet, dann wartet der Redner, bis diese Person aufsieht und sich entschuldigt (das machen sie immer), bevor er fortfährt. Durchschnittliche Redner könnten das auch tun, aber sie tun es nicht. Wenn Sie es tun, dann heben Sie sich von ihnen als guter Redner ab; Sie sind jemand, mit dem man rechnen muss. Selbst wenn Ihre Knie zittern, allein die Tatsache, dass Sie stehen, mit Ihren Augen höher als die anderen, während diese immer noch sitzen, bringt Sie in eine weitaus stärkere psychologische Situation im Sinne von »Kampf oder Flucht«. Haben Sie nun wieder die gesammelte Aufmerksamkeit der Zuhörer? Höchstwahrscheinlich ja.

Die Eröffnung ohne »Sicherheitszone«

Wir alle kennen das Szenario des »Verrückten im Bus«. Alles ist ruhig ... die Fahrt an Ihr Ziel verläuft gut und dann steigt »der Verrückte« zu. Derjenige, der »Hallo« in den gesamten Bus ruft und dann nach jemandem sucht, den er unabsichtlich belästigt (»Ich habe hier in der Schachtel einen lebendigen Felsen. Die meisten Leute glauben, dass Felsen nicht lebendig sind, aber ich glaube, ich habe gesehen, dass dieser Felsbrocken sich gerade bewegt hat«). Das Problem ist, dass dieser »Verrückte« ganz in Ordnung ist, vorausgesetzt, er geht weiter und setzt sich neben einen anderen Fahrgast. Dann können Sie und alle anderen nicht Betroffenen sich am »Verrückten« erfreuen. Der Ärger beginnt, wenn er sich neben Sie setzt und anfängt, sich laut mit Ihnen zu unterhalten. Ein Albtraum!

Doch als angehender guter Redner können Sie etwas von diesem »Verrückten« lernen ... er hat die Aufmerksamkeit eines jeden Fahrgastes im Bus. In einer geschäftlichen Präsentation ist es eine hervorragende Möglichkeit, die »Verrückten-Taktik« anzuwenden. Damit bewegen Sie sich aus der unsichtbaren »sicheren« Zone der Bühne des Saals heraus. Statt dass Sie auf der Bühne bleiben, wo bisher alle Redner wie Löwen im Käfig eingesperrt blieben und die Zuhörer das Gefühl haben, dass Sie »sicher« sind, gehen Sie von der Bühne mitten in den Saal hinein. Das ist, als ob der Löwe plötzlich losgelassen wurde. Niemand wird Sie ansehen, weil alle fürchten, Sie würden ihn »herauspicken«. Die Leute werden anfangen, sich ein wenig unbehaglich zu fühlen ... eigentlich hatten sie vor, ein wenig zu schlummern ... und nun könnten sie etwas zu tun bekommen, Also sollten sie besser zuhören. Sie müssen nicht wirklich jemanden »herauspicken«. Allein die Tatsache, dass Sie anscheinend in deren Zone der Behaglichkeit vordringen und »wesentlich näher« sind als üblich, reicht dafür aus, dass Adrenalin durch den gesamten Saal gepumpt wird.

Auf einer Versammlung eines meiner Klienten in Skandinavien beobachtete ich kürzlich ein Präsentationsgenie, das genau diese Technik anwendete. Zu Beginn seiner Präsentation holte der Vortragende alle Zuhörer zu sich nach vorn, weg von ihren schönen, bequemen Positionen hinter ihren Seminartischen. Sie mussten ihre Stühle mitbringen und ein ungeschütztes tischloses Hufeisen rund um das Flip-Chart bilden. Niemand konnte sich irgendwo verstecken. Alle lauschten zwei Stunden lang aufmerksam. Es war wunderbar. Wenn man näher an den Zuhörern ist und den ganzen Saal als Bühne benutzt, dann ist das eine großartige Möglichkeit, von Beginn an die Aufmerksamkeit der Zuhörer zu wecken und das Interesse aufrecht zu erhalten. Ganz nebenbei ... wenn Sie sich für diese Eröffnung entscheiden, dann stellen Sie sicher, dass die Tontechnik, wenn sie vorhanden ist, es auch erlaubt, mit dem Mikrofon mobil zu sein.

Die provokative Eröffnung
Wenn Sie den Zuhörern etwas mitteilen oder zeigen, mit dem sie nicht gerechnet haben, dann ist auch das eine gute Möglichkeit, Aufmerksamkeit zu erregen.

»Im gesamten Unternehmen haben wir über 100 elektronische Fortbildungspakete vorbereitet, die für die 17 000 weltweit tätigen Angestellten zur Verfügung stehen. Es hat uns mehr als eine Million Dollar gekostet, als wir das vor zwei Jahren einrichteten. (Pause) Wir haben das im Voraus bezahlt. (Pause) ... Im letzten Jahr wurde von den Angestellten kein einziges dieser Fortbildungspakete abgerufen.« Das war für den Vorstand eines echten und nicht fiktiven Unternehmens, für das ich vor einigen Jahren gearbeitet habe, eine schockierende Eröffnung. Wir brauchten ein höheres Budget für eine effektive Weiterbildung und Betreuung, und wir mussten zeigen, dass das Geld, das für einen halbherzigen Ansatz ausgegeben wird, letztlich verschwendet ist. Wir waren ganz sicher, dass der Vorstand sehr glücklich im Glauben war, dass auf den unteren Ebenen alles wie gewünscht lief, und deshalb mussten wir ihn in seiner Selbstgefälligkeit erschüttern. Ob das funktionierte? Zusammen mit dem Rest des Vortrags – Geschichten, dem üblichen Nachdruck und den Wiederholungen – funktionierte es ausgezeichnet.

Wenn Sie vorhaben zu provozieren, so sollten Sie sicher sein, dass Ihre Fakten auf dem letzten Stand der Dinge beruhen, also aktuell sind. Viele leitende Angestellte werden über Probleme bei schwierigen Themen im Dunkeln gelassen und sind nicht unbedingt scharf darauf, später davon überrascht zu werden. Das weckt dann zwar ihre Aufmerksamkeit, aber Sie sollten auf alle Fälle sichergehen, dass Sie mit Ihren Behauptungen im Recht sind.

Die witzige Eröffnung

Mit Witzen sollten Sie vorsichtig sein.

Nicht jeder kann gut Witze erzählen und nicht jeder findet Witze lustig. Ich habe Witze gehört, die in London lustig gewesen wären, die aber in New York nicht gut angekommen wären – und umgekehrt. Ein Witz hat sehr viel mehr mit dem richtigen Zeitpunkt und dem Erzählstil zu tun als mit seinem Inhalt.

Margaret Thatcher, die britische Premierministerin in den 1980er-Jahren, war nicht unbedingt bekannt für ihren Sinn für Humor. Ihre Redenschreiber boten ihr einmal eine ironische und lustige Zeile an, die sie eindeutig nicht verstanden hatte. Jim Callaghan (von der oppositionellen Labour Party) hatte sich in einer Rede in der Vorwoche mit Moses verglichen, der mit den Zehn Geboten vom Berg Sinai herabkam. Thatchers Redenschreiber hatten als Antwort die zugegeben nicht besonders witzige Zeile verfasst: »Ich kann nur sagen, bleiben Sie dabei, die Tafeln (die man im Englischen tablets nennt, was sich wiederum auch als Tabletten übersetzen lässt) zu nehmen.« Am Tag der Rede jedoch verstand Margaret Thatcher diese Zeile folgendermaßen: »Oder sollte ich besser sagen ›Nehmen Sie weiterhin Ihre Pillen‹.« (Dadurch, dass sie tablets in ihrer Antwort durch pills ersetzte, ging ihr leider die »witzige« Doppeldeutigkeit von tablets flöten.)

Sie hatte den Witz ganz einfach nicht verstanden.

Wenn Sie Witze erzählen können, dann probieren Sie es aus und erzählen Sie Witze. Wenn Sie es nicht können oder Ihre Zweifel haben, dann lassen Sie es.

Wie sieht das alles im richtigen Leben aus?
Um zu zeigen, wie das alles zusammenpasst, habe ich im Folgenden eine konkrete Rede verfasst, die alle Elemente enthält, die wir bisher diskutiert haben. Sie basiert auf einer Rede, die ich vor einigen Jahren auf einer Versammlung in Interlaken in der Schweiz gehalten habe. Es war eine europäische Konferenz für Verkäufer und wir mussten die Verkaufsabteilung wieder in Schwung bringen. Die Verkäufer verbrachten zu viel Zeit im Büro und mieden die erforderliche harte Arbeit im Außendienst bei den Kunden. Sie werden sehen, wie ich meinen Punkt deutlich gemacht und ihn um eine Analyse der Zuhörer ergänzt habe.

Anliegen: Der Verkaufsabteilung muss ich zu verstehen geben, dass es absolut notwendig ist, mehr Zeit außerhalb des Büros zu verbringen, weil die fehlende Aktivität das Erreichen der Verkaufsziele verhindert.

Zuhörer: 350 Mitarbeiter und Verkaufsleiter der Verkaufsabteilung. Zynisch. Die meisten sind intelligent. Einige wenige Schlüsselpersonen könnten auch anderweitig einen Job bekommen. Der größte Teil der Zuhörer ist fähig, aber faul. Ich muss ihnen zeigen, wie sie bekommen, was sie wollen, indem sie tun, was ich will. Wie die meisten Menschen können sie eine Zurückweisung nur schwer ertragen. Sie müssen sie suchen – und brauchen Anreize.

Die Präsentation

[Eröffnung, um Aufmerksamkeit zu erlangen]

»Guten Morgen, meine Damen und Herren. Ich möchte Sie einladen mit mir einige kurze Beobachtungen anzustellen. Können Sie mir sagen, wie viele Menschen Sie in diesem Büro zählen können?

(Zeigen eines Bildes des vollen örtlichen Büros der Verkaufsabteilung. Hinuntergehen zu den Zuhörern und mit ihnen einige Sekunden lang auf den Großbildschirm sehen. Normalerweise rufen die Zuhörer 27, 30, 29, 31.)

Die Sache ist, dass tatsächlich so viele Leute im Büro sind. Wissen Sie, wann dieses Foto aufgenommen wurde? Es war am letzten Dienstag genau um 11.00 Uhr. Können Sie sich erinnern, ob an diesem Dienstag etwas Außergewöhnliches war? Nein? ... Überhaupt nichts??? Ja, Sie haben Recht. An diesem Dienstag war überhaupt nichts Außergewöhnliches. Dienstag letzte Woche war ein ganz durchschnittlicher Dienstag im März.

(Die Personen im Publikum persönlich ansprechen)

Nun ... Ich weiß, dass der frühe Frühling keine gute Zeit ist, um irgendetwas zu verkaufen. Und deshalb verstehe ich auch, dass die Verkaufszahlen für diesen Monat im Keller sind. Ostern fällt sehr oft in den März. Auch die Weihnachtsfeiertage und Neujahr liegen noch nicht so lange zurück und deshalb bin ich sicher, dass viele von Ihnen zu dieser Jahreszeit noch etwas erschöpft sind.

(Zeigen eines Bildes eines grauen, gewittrigen Himmels über einer Stadt – Microsoft Bildergalerie?)

Und ich weiß, dass Ihre Kunden sich ähnlich fühlen. Das Wetter hat sich noch nicht gebessert. Im Büro ist es ohnehin wärmer – in Ihrem Büro und im Büro Ihrer Kunden. Der Himmel ist oft ein wenig grau und bedeckt. Wie soll sich da jemand wohlfühlen? Ostern soll kommen! Ostern ist eine gute Pause, um sich für den großen Verkaufssturm richtig vorzubereiten. Mitte April kommt und wir alle sind nun wirklich bereit. Manchmal wird der Start aber auch ein wenig verschoben, weil die Osterferien eine Möglichkeit bieten, mit den Kindern für eine Woche oder für zehn Tage zu verreisen.

(Zeigen eines Bildes mit einem blauen Himmel an einem sonnigen Tag über einer Stadt)

Und dann ist es plötzlich Mai und Frühsommer. Und wir alle wissen, dass es schwierig ist, im Mai bei den Kunden einen Termin zu bekommen, denn wenn die Leute nicht bereit sind, mit Ihnen einen Termin vor Ostern zu vereinbaren – es ist düster und all das –, dann haben Sie nun das Problem, dass die potenziellen

Kunden an bestimmten eigenen Projekten arbeiten, die in den ersten vier Monaten aufkamen. Dennoch vereinbaren sie einen Termin für Juni/Anfang Juli. Und deshalb ist der Mai ein perfekter Monat, um sich auf die Sommersaison vorzubereiten. Und Sie wissen bereits, wohin das führt ...

(Zeigen eines Bildes eines kochend heißen Tages, Eiscreme, Sonnenbaden.)

Es wird immer einen hervorragenden Grund geben für schwache Umsätze in fast jeder Jahreszeit.

(Zeigen eines Herbstbildes)

Bis wir uns letztlich gegen Ende Oktober in der Vorweihnachtszeit wiederfinden und wenn dann einmal die Feierlichkeiten zum Jahresende aus dem Weg sind, dann sind wir wieder zurück bei ...

(Zeigen des Bildes eines grauen gewittrigen Himmels wie zuvor)

... und schon wieder haben Sie dieses Gefühl der Erschöpfung.

Ich bin ganz Ihrer Meinung ... Ich muss noch hinausgehen und auch Kunden besuchen und es gibt überhaupt keine gute Zeit, irgendetwas zu verkaufen. Und deshalb ist es im Allgemeinen viel gemütlicher im Büro zu bleiben. Und die meisten Kunden sagen »nicht jetzt«, »nein«, »ich muss mal überlegen«, »in ein paar Wochen«, »wir geben Ihnen Bescheid«.

(An jedem der obigen Punkte (»nicht jetzt« usw.) ein Bild mit einem anderen »Nein!« auf dem Bildschirm zeigen. Letztlich erscheint das Wort »NEIN« fünf oder sechs Mal auf dem Bildschirm)

All diese »NEINs« ... sind ein weiterer guter Grund im Büro zu bleiben. Aber mit dem »im Büro bleiben« gibt es ein Problem, nicht wahr? Und welches Problem ist das? Kann mir das jemand sagen? Ja ... im Büro ... zuhause ... da fehlt etwas ... genau ... die Kunden ...

(Zeigen des ersten Bildes aus der Eröffnung, aber dieses Mal mit 20 Pfeilen, die auf die 20 Verkäufer im Bild zeigen, wobei jeder das Zeichen trägt »Verkäufer«)

Sehen Sie sich das Bild noch einmal an ... es ist deutlich zu erkennen, dass keine **Kunden** in diesem Büro sind!

Und das führt uns in ein Dilemma ... die Kunden sagen so oft »Nein!«, dass wir sie nicht mehr besuchen wollen ... aber ohne Kundenbesuche werden auch keine Geschäfte gemacht.

[Jetzt kommt eine Geschichte]

Ich diskutierte dieses allgemein bekannte Problem unter Verkäufern kürzlich mit einer amerikanischen Verkäuferin in Chicago und ich sprach ihr gegenüber das gleiche Thema an. Ich sagte, genau wie ich es Ihnen gerade sagte, »Es sind keine Kunden im Büro«, und sie antwortete: »Sie haben Recht ... genau wie kein Partner in meiner Wohnung ist!« So ist es wirklich, dachte ich.

Aber das erinnerte mich an die Zeit, als ich selbst noch ein Teenager war, als wir mit Testosteron aufgeladenen Jungs verzweifelt nach einem Mädchen suchten, das mit uns schlafen wollte (alle Jungs sind gleich, meine Damen, so sind wir eben). Keiner von uns hatte den Mut, diese Frage an ein womöglich bereites Mädchen zu stellen. Niemand, das heißt, außer einem in unserer Gruppe. Er hieß Harry. Harry war ein Junge, der morgens Milch auslieferte. Nicht besonders gutaussehend ... tatsächlich ein wenig klein und auch nicht besonders intelligent. Er war ganz einfach und für uns, seine Fans höchst gefährlich. Er fragte auch wirklich jedes Mädchen, mit dem er sich getroffen hatte, ob sie nicht mit ihm schlafen wolle. Harry musste wegen seiner »unromantischen Strategie« viele Zurückweisungen einstecken, gebrochene Beziehungen und auch Ohrfeigen. Wir alle lachten über Harry. Aber eines wurde dennoch deutlich: Harry schaffte es weit öfter, sich die Hörner abzustoßen, als jeder andere aus unserer Gruppe. Harry wusste, dass viele »Neins« der notwendige Preis waren, um ein einziges wertvolles »Ja« zu erhalten. Ohne »Neins« keine »Jas«.

Auf der Grundlage von Harrys Strategie habe ich nun die neue Verkaufsstrategie für Sie alle.

(Zeigen eines Hintergrunds mit zehn »NEINs« in großer weißer Schrift, die auf dem Bild verstreut sind)

Wenn wir hinausgehen, um Kunden zu besuchen, und einige »**NEINs**« einstecken müssen ...

(Zeigen des gleichen Bildes, auf dem mitten zwischen »NEINs« ein hellrotes »JA« zu sehen ist)

... dann führt das auch zu einer Handvoll »**JAs**« aus den wenigen erfolgreichen Besuchen. Von nun an werden wir alle hinausgehen und noch viel **mehr** »NEINs« suchen, weil, je öfter wir ein »Nein« hören, umso öfter auch ein »JA« kommen wird.

(Zeigen eines schwarzen Hintergrunds, der mit 100 weißen »NEINs« übersät ist, auf dem aber dazwischen 10 hellrote »JAs« zu sehen sind)

Von nun an werden Ihre Verkaufsleiter nach der Rückkehr von einem Termin nicht mehr fragen: »Haben Sie einen Abschluss?« Von nun an werden Sie auf Ihre »NEINs« angesprochen. Das neue Tagesziel ist: Fünf »NEINs« für jeden aus der Abteilung!

Um die »NEINs« zu bekommen, müssen Sie Besuche machen und mit viel mehr potenziellen Kunden sprechen. Das ist kein leichtes Ziel ... Sie müssen sich schon anstrengen, um ein klares »NEIN« zu erhalten. Ganz einfach deswegen, weil die Leute in diesem Land so verdammt höflich sind!

(Zeigen eines Portraits einer strahlenden, lächelnden, glücklichen Person)

Sie werden nicht »NEIN« sagen. Sie werden Ihnen sagen, dass sie »darüber nachdenken« werden ... dass man sich »melden« wird ... man wird Ihnen sagen, man würde »in einigen Wochen Kontakt aufnehmen«. So sagen diese höflichen Leute »NEIN«.

Sie brauchen aber von nun an wirklich eindeutige »NEINs«, denn alle aufgezeichneten eindeutigen »NEINs« bedeuten bares Geld für Sie.

(Zeigen einer Liste:
- *Eindeutig NEIN« = 5 €*
- *Annäherungsversuch = 0 €*
- *»NEIN« eines höflichen Menschen = 0 €*
- *Wenn Sie ein »JA« bekommen = die normale Provision)*

Dieses Unternehmen wird Ihnen für jedes endgültige »NEIN«, das Sie auf Ihrer Kundenliste einreichen, 5 Euro bezahlen. Darüber brauchen Sie sich keine Sorgen zu machen. Bei jedem Verkaufsbesuch werden Sie von nun an nicht mehr einen Abschluss mit einem »JA« wollen, sondern entweder ein »endgültiges NEIN« oder einen »Annäherungsversuch«. Ein **Annäherungsversuch** beinhaltet, an einem bestimmten Tag zu einem vereinbarten Termin mit einem neuen potenziellen Kunden zu sprechen. Ein Annäherungsversuch an sich hat noch keinen Wert, wenn er nicht zu einem Abschluss führt.

[Beachten Sie die endlose Wiederholung des »NEIN«]

Sie werden glauben, dass Sie träumen, aber »NEINs« sind das, was wir von Ihnen wollen. Eindeutige »NEINs« und keine vagen »NEINs«.

In diesem Unternehmen wollen wir von jetzt an Ihre »NEINs«. Nur wenn wir nicht ausreichend über Ihre »NEINs« hören, werden Fragen gestellt. Ohne die »NEINs«, so stellen wir fest, werden Sie auch keine »JAs« bekommen.

Leider werden Sie die täglichen fünf »NEINs« nur finden, wenn Sie zu den Kunden gehen.

(Zeigen eines Bildes des Büros, das nun völlig leer ist)

Wenn wir das nächste Mal die Verkaufsbüros besuchen – gleichgültig, ob es im Frühling, Sommer, Winter oder Herbst ist, dann weiß ich, dass sie leer sein werden. Weil ...

... Sie ohne mehr »NEINs« an Ihrem Arbeitstag auch bei Ihren Bestandskunden keinen Erfolg haben werden.

Ohne mehr »NEINs« am Tag werden Sie keine neuen Kunden gewinnen.

> Ohne mehr »NEINs« am Tag wird auch Ihr Bankkonto Schaden nehmen.
>
> Aber mit »NEINs« an Ihrem Arbeitstag wird Ihre Zukunft in diesem Unternehmen tatsächlich sehr, sehr hell sein.
>
> *(Zeigen des vorherigen leeren Büros, das mit einem »Go for No« überschrieben ist)*
>
> Go for No!
>
> *[Beachten Sie den Aufruf zum Handeln am Ende]*

Nur zum Spaß habe ich das Format, über das wir bisher gesprochen haben, an einem Stück von Shakespeare getestet. Die berühmte Rede von Marcus Antonius scheint sehr gut diesem Modell zu entsprechen. Vielleicht hätte der gute alte William dieses Buch schreiben sollen.

Freunde! Römer! Mitbürger! Hört mich an! Begraben will ich Cäsar, nicht ihn preisen. Was Menschen Übles tun, das überlebt sie. Das Gute wird mit ihnen oft begraben. So sei es auch mit Cäsar! Der edle Brutus hat euch gesagt, dass er voll Herrschsucht war; und war er das, so war es ein schweres Vergehen. Und schwer hat Cäsar auch dafür gebüßt. Hier, mit des Brutus Willen und dem der andern – denn Brutus ist ein ehrenwerter Mann, das sind sie alle, alle sind ehrenwert, komme ich, um bei Cäsars Begräbnis zu reden. Er war mein Freund, er war mir gerecht und treu. Doch Brutus sagt, dass er voll Herrschsucht war, und Brutus ist ein ehrenwerter Mann. Er brachte viel Gefangene heim nach Rom, wofür das Lösegeld den Schatz gefüllt. Sah das der Herrschsucht wohl am Cäsar gleich? Wenn Arme zu ihm schrien, so weinte Cäsar; Herrschsucht sollte aus härterem Stoff bestehen.	**Zuhörer »denken«** Eine gute Eröffnung – ein kleiner Schock ... (Wir dachten, du liebtest ihn, Marcus Antonius) also? **Eine starke Eröffnung** Ja, wir Zuhörer können dem zustimmen. Ganz richtig! Aber das klingt alles ein wenig außergewöhnlich ... weshalb bist du also da? **Außergewöhnliche Betonung** Ja, wir wissen, Brutus ist ehrenhaft. Er hat es uns selbst gesagt! **Er spricht über uns** Ja, du hast Recht, Cäsar war auch mir gegenüber immer ein loyaler Freund ... Deshalb können wir nicht verstehen, dass du so auf ihn schimpfst, wo er nun tot ist. **Kleine Geschichten erinnern uns** Sehr ungewöhnlich. Wohin soll das führen? Vielleicht hat Brutus das mit der Herrschsucht falsch verstanden, aber ansonsten hat er Recht. Ja, das haben wir gesehen. Cäsar war immer auch ein wenig weich.
Doch Brutus sagt, dass er voll Herrschsucht war, und Brutus ist ein ehrenwerter Mann. Ihr alle saht, wie ich ihm am Lupercusfest dreimal die Königskrone anbot, die dreimal er verweigerte. War das Herrschsucht?	Fassen wir zusammen: Außer dass er ein großartiger Freund war und auch ein wenig ein Weichei, konnte er dennoch ein wenig herrschsüchtig sein ... oder nicht?
Doch Brutus sagt, dass er voll Herrschsucht war, und Brutus ist gewiss ein ehrenwerter Mann. Ich will, was Brutus sprach, nicht widerlegen; ich spreche hier nur von dem, was ich weiß. Ihr alle habt ihn einst geliebt und nicht ohne Grund. Was für ein Grund wehrt euch, um ihn zu trauern? Oh Urteil, du entflohst zum blöden Vieh, der Mensch ward unvernünftig! Habt Geduld! Mein Herz ist in dem Sarge hier bei Cäsar, und ich muss schweigen, bis es zu mir zurückkommt.	**Ständige Wiederholung** Oh, ja! Das habe ich auch vergessen. Da war auch die Sache mit dem König – und mehr als einmal war er zu bescheiden um sie anzunehmen. »Freund«, »Weichei«, »bescheiden« ... das klingt nicht nach einem herrschsüchtigen Gauner. Außerdem hat er Brutus zum dritten Mal als ehrenwert bezeichnet. Jetzt habe ich meine Zweifel. Ich überlege, ob Brutus wirklich so ehrenwert ist, wie er es sagt. **Aufruf zum Handeln** Er scheint sich auf uns zu berufen, um neu zu überlegen. Ja, vor diesem Hintergrund wird wohl eine Wende kommen.

Kapitel 4
Die Sprache der Pantomime – fast

> Kommunikation entsteht nicht durch Wort und Schrift allein, sondern durch Beispiele und Körpersprache.
>
> *Sir John Harvey Jones*, Vorsitzender der ICI

Da wir nun schon so weit gekommen sind, könnten Sie sagen, dass wir all diese Aussagen über professionelle Präsentationen auch den Schauspielern überlassen könnten und ich besser mit der geschäftlichen Ausführung fortfahren sollte.

Doch leider haben Sie nicht Recht. Die erfolgreichsten Geschäftsleute der Welt sind auch heute noch die besten Kommunikatoren. Das Publikum sieht jeden Abend bei den Nachrichten und aktuellen Berichterstattungen und Sportveranstaltungen wirklich professionelle Moderatoren und Redner im Fernsehen. Bitte denken Sie daran, dass Sie nicht so großartig sein müssen. Gut ist völlig ausreichend, denn die Mehrheit der geschäftlichen Redner ist grottenschlecht!

Was können wir also von Schauspielern lernen, das uns helfen kann, so eindrucksvoll zu präsentieren, wie sie es tun?

Körpersprache macht einen großen Teil einer guten Präsentation aus

Erstens, wie wir bereits besprochen haben, ist die Körpersprache die überzeugendste steuerbare Verhaltensweise aller Angsthasen. Es wird sich reichlich auszahlen, wenn Sie Ihre Körperhaltung nicht einfach nur aus Sicht der Zuhörer betrachten, sondern auch, weil »zuversichtliches Handeln« immer wieder zu Ihrem Selbstvertrauen beitragen wird.

In dem Film *Zwei hinreißend verdorbene Schurken* ist ein etablierter Hochstapler (Michael Caine) im Süden Frankreichs damit einverstanden den anderen (Steve Martin) in der Kunst auszubilden, sich wie ein freundlicher, kultivierter Gentleman und Begleiter zu verhalten. Die einzelnen Bestandteile der Körpersprache, die er ihm beibringt, sind letztendlich das, worauf es tatsächlich ankommt.

- Jede Bewegung ist ruhig und überlegt.
- Es gibt keine Unbeholfenheit in seinen Bewegungen, die durch Hast hervorgerufen werden. Kraftvolle Menschen mit Autorität haben es nicht nötig, sich zu beeilen.
- Der Blick geht nicht nach unten, sondern immer geradeaus und bleibt auf gerader Höhe.
- Immer umspielt ein Lächeln seine Lippen.
- Gleichgültig, welche Kleidung er trägt, er sieht immer makellos aus.

Wenn Sie also beim nächsten Mal eine Präsentation halten, dann beachten Sie diese Schritte:

1. Stellen Sie sicher, dass Ihre Kleidung sauber und adrett und nicht zerknittert und fleckig ist. Wenn alle Zuhörer Anzüge und Krawatten tragen, dann tragen auch Sie einen Anzug und Krawatte. Wenn »sie« Jeans und Pullis tragen, dann können Sie es auch tun. Wenn Sie nicht wissen, was »sie« tragen, dann ziehen Sie auf alle Fälle einen Anzug mit Krawatte an. Sie können sich immer noch etwas weniger formell kleiden, aber es ist schwierig, sich in Eile formelle Kleidung zu besorgen. Stellen Sie sicher, dass Ihre Kleidung und Ihre Schuhe, und auch Sie selbst, ein gutes Erscheinungsbild abgeben. *Bereiten Sie schon am Vorabend alles vor.*
2. Wenn Sie zu Ihrem Vortrag aufgerufen werden, dann hasten Sie nicht nach vorn. Stehen Sie auf, lächeln Sie, gehen Sie elegant und ruhig nach vorne. Beeilen Sie sich nicht. Sprechen Sie nicht.
3. Tun Sie nicht das, was so viele Angsthasen tun, und legen Sie nicht sofort los, nachdem Sie angekündigt wurden. Zu viele beginnen ihr »Vielen Dank, Jim ... Guten Morgen,

meine Damen und Herren ...«, sofort nachdem sie aufgestanden sind. Tun Sie das insbesondere dann nicht, wenn Sie vor dem versammelten Vorstand sprechen. Von nun an sind Sie ein »großes Tier« und deshalb sind Sie so lange ruhig, wie ich es Ihnen sage.
4. Wenn Sie in Position sind und selbst wenn Ihre Knie schlottern und Ihr Herz bis zum Hals schlägt, **lächeln** Sie! *Sagen Sie nichts.* Sehen Sie quer durch den Raum, sehen Sie sich im Raum um und sehen Sie möglichst viele Personen direkt an. Halten Sie Ihren Kopf gerade. Versuchen Sie, möglichst oft Blickkontakt aufzunehmen. Tun Sie das mindestens fünf Sekunden lang, wenn Sie in Position sind. Gut, *jetzt* dürfen Sie sprechen.

Das dürfen Sie mit Ihren Händen am Rednerpult nicht tun

1. Berühren Sie Ihr Gesicht keinesfalls zwischen Mund und Nase ... das wird als unterbewusstes Zeichen dafür verstanden, dass Sie lügen.
2. Halten Sie Ihre Hände nicht in der klassischen Feigenblatt-Haltung über Ihrem Unterbauch verschränkt ... alle Zuhörer werden genau dorthin sehen.
3. Verschränken Sie Ihr Hände nicht hinter Ihrem Rücken in der klassischen rückwärtigen Feigenblatt-Haltung ... die Zuhörer werden denken, Sie haben keine Hände.
4. Stecken Sie Ihre Hände nicht in Ihre Hosentaschen, und ganz wichtig, klappern Sie nicht mit Ihrem Kleingeld ... die Damen im Publikum werden das bemerken und sie **tun** es wirklich und sie werden sich Gedanken machen, was hier vor sich geht.
5. Verschränken Sie Ihre Arme nicht vor der Brust, weil dies eine unbewusste Barriere zwischen Ihnen und den Zuhörern aufbaut. Viele Damen tun das, weil sie fürchten, dass einige männliche Zuhörer sie »abchecken« könnten. Die Haltung mit verschränkten Armen ist eine Möglichkeit, sich etwas zu verstecken. Leider zieht man aber so nur noch mehr Aufmerksamkeit auf sich.

6. Schaukeln Sie nicht. Viele Präsentanten ruckeln vorwärts und rückwärts, als ob sie mit einer Art Demenz direkt aus der Anstalt kämen.
7. Die übliche Variation des Schaukelns ist »der Twist«, ein Fehler, der normalerweise bei Rednerinnen zu beobachten ist, wenn sie mit ihren Füßen an einer Stelle stehen bleiben, aber mit ihrem Oberkörper wie ein kleines Kind hin und her wackeln wie ein Mädchen im Kindergarten, das ein Gedicht aufsagen soll. Oft wird das von einem Prinzessin-Diana-Blick begleitet – der Kopf ist nach unten geneigt und die Augen blicken scheu schräg nach oben.
8. Geben Sie keinem unbewussten Kratzen wie bei einem Juckreiz nach, greifen Sie sich nicht an die Nase, bohren Sie nicht im Ohr, zupfen Sie nicht am Hosenbund und unterlassen Sie all diese interessanten Bewegungen, während Sie auf der Bühne stehen, denn jeder (jeder!) im Publikum wird mehr bemerken als Sie wahrhaben wollen.
9. Wenn Sie es vermeiden können, hinter dem Rednerpult stehen bleiben zu müssen, dann tun Sie es. Ein Rednerpult bedeutet, dass etwa drei Viertel von Ihnen verborgen sind, doch ein hoher Prozentsatz Ihrer wahrgenommenen Wirkung geht von Ihren Armen, Ihrem Leib, Ihren Beinen und Ihren Füßen aus. Die Schwierigkeit, dem zu entkommen, ist, dass bei großen Veranstaltungen die Technik Sie mit einem verkabelten Mikrofon und einem Scheinwerfer am Pult festhält. Wenn Sie sich also vom Rednerpult entfernen wollen, so sollten Sie geprüft haben, ob das Mikrofon auch kabellos funktioniert oder die Verkabelung so gestaltet ist, dass Sie das Mikrofon mitnehmen können.
10. Klicken Sie nicht ständig mit Ihrem Kugelschreiber oder einem anderen Gegenstand, den Sie in der Hand halten. (Ich mache das auch zu oft, doch die Zuhörer sagen mir, dass das unheimlich stört. Ich muss wirklich versuchen, diese schlechte Gewohnheit abzustellen.)

Was können Sie mit Ihrem Körper tun?

Vieles.

1. Halten Sie Ihre Arme so weit wie möglich voneinander entfernt, halten Sie Ihren Kopf hoch und die Handflächen offen. Auf diese Weise bieten Sie den Zuhörern ein »offenes« Bild. Es vermittelt das Gefühl, dass man Kontrolle hat. Ihr gesamter Körper sollte gesehen werden und muss so oft und so lange wie möglich gezeigt werden.
2. Halten Sie Ihre Arme und Hände auf oder über der Gürtellinie oder sogar neben Ihrem Körper. Es fühlt sich unbequemer an, als es aus der Sicht der Zuhörer den Anschein hat.
3. Wenn Sie das Gefühl haben, dass eine Geste nötig ist, dann machen Sie eine große Geste. Flattern Sie nicht nur mit der Hand, denn das wirkt pathetisch und schwach. Doch eine Armbewegung, die über die Schulterhöhe hinaus reicht, wenn der Arm etwa drei bis fünf Sekunden oben bleibt, sieht wirklich sehr stark aus.
4. Stellen Sie sicher, dass die Zuhörer sehr oft Ihre Handflächen sehen. Aus bisher unbekannten Gründen werden Menschen von anderen Menschen angezogen, die ihre Handflächen offen zeigen.
5. Wenn Sie auf ein Schaubild oder einen Gegenstand zeigen wollen, dann sollten Sie sicher sein, dass die Geste noch vor den dazugehörigen Worten kommt. Also nicht: »Das ist auf dem Schaubild, das Sie hier sehen« (Zeigen auf das Schaubild), sondern vielmehr (Geste) und dann »Hier auf dem nächsten Schaubild sehen Sie ...« Aus der Sicht der Zuhörer sieht das erste Beispiel komisch aus.
6. Wenn Sie auf ein Schaubild oder einen Gegenstand zeigen müssen (vielleicht auf eine weiße Tafel oder auf ein Flip-Chart) ... sprechen Sie nicht weiter ... sehen Sie das an, worauf Sie deuten ... machen Sie Ihre Geste ... und wenden Sie sich dann wieder den Zuhörern zu und weisen Sie mit Ihrer Hand und Ihrem Arm weiterhin auf das Schaubild oder den Gegenstand. Wenn Sie zurücksehen und anfangen, vom gezeigten Schaubild abzulesen, und dabei Ihr Gesicht von

den Zuhörern abwenden (das tun viele Angsthasen), werden Sie sofort die Kommunikation unterbrechen.
7. Halten Sie sich nicht am Rednerpult fest. Versuchen Sie vielmehr, vor das Rednerpult zu treten, wenn es die Umstände erlauben.
8. Sie sollten wissen, dass Sie sich im Präsentationsbereich frei bewegen können. Aber bleiben Sie mindestens 30 bis 60 Sekunden an einer Stelle, bevor Sie an eine andere Stelle gehen. Wenn Sie ständig hin und her, vor und zurück laufen, dann sehen Sie aus wie ein Löwe im Käfig.
9. Wenn Sie können, dann markieren Sie auf dem Fußboden mit einem Klebestreifen Stellen, an denen Sie nicht vom Licht des Overhead-Projektors getroffen werden. Wenn Sie sich im Präsentationsbereich bewegen, gehen Sie zu diesen Punkten und bleiben dort eine Zeitlang. Nichts stellt die Glaubwürdigkeit eines Präsentierenden mehr in Frage als eine blaue Karte des Atlantiks und ein Teil von Nordalaska auf seinem Gesicht.
10. Lächeln Sie viel und sehen Sie den Zuhörern geradeheraus ins Gesicht. Wenn Ihr Vortrag in einem sehr großen Saal stattfindet, dann lassen Sie Ihre Augen einem unsichtbaren **M** folgen, das über dem gesamten Publikum liegt. Aus einem unerklärlichen Grund wird jeder im Saal denken, Sie würden in diesem Augenblick gerade ihn ansehen.
11. Selbst wenn Ihre Knie schlottern und Sie sich in einem Zustand von »Kampf oder Flucht« befinden, dürfen Sie nicht vergessen, dass es etwas gibt, das immer zu Ihren Gunsten arbeitet ... die Tatsache, dass Sie stehen und folglich Ihre Augen höher liegen als die aller anderen. Das bringt Sie automatisch in eine stärkere psychologische Situation. Die Zuhörer fühlen sich unbewusst klein und Sie fühlen sich unbewusst groß.
12. **Lächeln** Sie viel. Was auch immer auf der Bühne geschehen mag (ob der Ständer mit dem Flip-Chart umfällt, ob der Overhead-Projektor Feuer fängt, ob die Zuhörer nicht wie gewünscht reagieren, ob Ihre Notizen zu Boden fallen, ob das Rednerpult zusammenbricht, ob Sie vergessen an welcher Stelle Ihres Vortrags Sie gerade sind), **lächeln** Sie. Ge-

ben Sie keinesfalls einen Hinweis darauf, dass Sie innerlich kurz vor dem Exitus stehen und sich nichts mehr wünschten, als dass sich unter Ihnen ein großes Loch auftun würde ... **Lächeln** Sie. Sehen Sie glücklich und beherrscht aus. **Lächeln** Sie ... schauspielern Sie ... schauspielern Sie ... schauspielern Sie. Ihr größtes Verbrechen wäre es, Ihre Zuhörer dadurch zu verwirren, dass Sie selbst verwirrt aussehen. Sie alle sind so glücklich, dass das Ihnen da oben und nicht ihnen selbst passiert ist. Also sehen Sie glücklich aus ... **Lächeln** Sie!!! Verstanden?

Setzen und aufpassen!
Sprechen wir über Ihr Publikum ... wenn Sie Einfluss auf die Sitzordnung nehmen können, dann sollten Sie eine der folgenden Anordnungen wählen, um die größte Wirkung zu erzielen. Eine gute oder sogar ausgezeichnete Präsentation kann schlecht ausgehen, wenn die Sitzanordnung nicht stimmt. Das ist besonders dann der Fall, wenn der Redner für die Zuhörer fremd und ihnen zu nahe ist. Dann fühlen sie sich unbehaglich. Das kann zwar im Rahmen einer internen Präsentation Ihr Ziel sein (faule Taugenichtse!), aber externe Gäste möchten Sie vielleicht nicht innerhalb ihres Wohlfühlbereichs haben.

Wenn Sie im Rahmen einer Abendveranstaltung eine Rede oder eine Präsentation halten, kann es vorkommen, dass es unmöglich ist, sich von den Tischen der »Fremden« weit genug zu entfernen. Wenn jedoch der gesellige Teil des Abends hoffentlich schon vor Ihrem Auftritt stattgefunden hat, dann sollte das bereits mögliche Mauern abgebaut haben, sodass die »Invasion in die Privatsphäre« kein größeres Problem mehr darstellen sollte.

Relativ wenige Zuhörer können im Vergleich zu einem größeren Publikum sogar eher ein Problem sein, denn die Präsentation gleicht eher einer Unterhaltung als einer Rede. In diesen Fällen ist es besser, die Präsentation, wenn möglich, als eine Reihe von einzelnen individuellen Unterhaltungen zu gestalten. Nehmen Sie zu jeder Person im Publikum, so oft es nur möglich ist, für einige Sekunden Augenkontakt auf. Allerdings ist dies kein Wettbewerb im »gegenseitigen Anstarren«. Also sehen Sie die Personen nicht länger als fünf Sekunden an. Da es eher eine vertrauliche Unterhal-

tung ist als alles andere, können Sie es sich erlauben, Ihre Worte
»einsinken« zu lassen, sich Zeit zu nehmen und die Geschwindigkeit aus der Präsentation herauszunehmen.

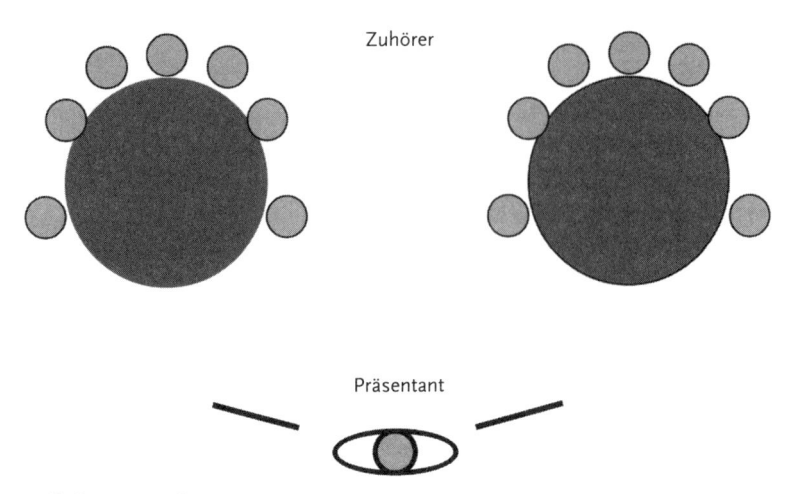

Zuhörer

Präsentant

Kaffeehaus-Sitzordnung

Es ist eine ausgezeichnete Sitzordnung, wenn nur vier bis sieben Zuhörer an einem Tisch sitzen. Dies schafft im Vergleich zu den normalerweise wie in einem Theater aufgestellten Sitzreihen eine eher entspannte Atmosphäre. Es kann allerdings auch ein wenig gefährlich sein, da es durchaus sein kann, dass es zwischen verschiedenen Tischen zu Rivalitäten kommt, wenn sie für oder gegen ein bestimmtes Argument des Redners Stellung beziehen. Ein starker Charakter an einem Tisch kann gelegentlich die anderen Zuhörer aufstacheln und Probleme verursachen. Deshalb versuchen Sie einen Sitzplan erstellen zu dürfen, der an den einzelnen Tischen für eine ausgeglichene Verteilung der verschiedenen Charaktere sorgt.

Hufeisen-Anordnung

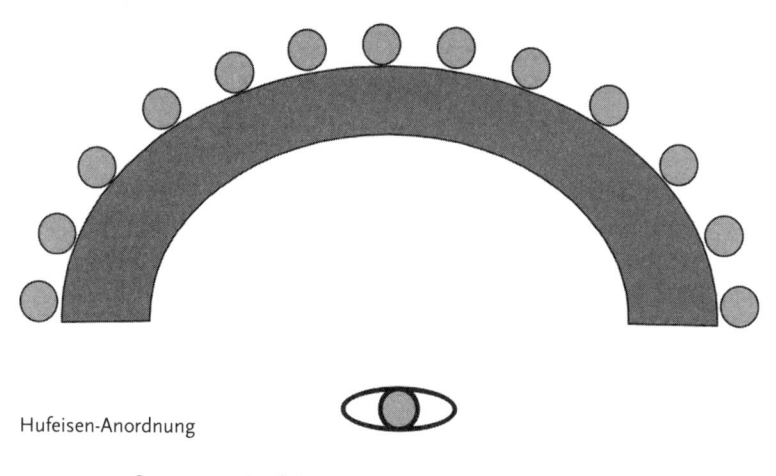

Das Hufeisen wird oft bei Präsentationen für 35 bis 40 Personen benutzt. Im obigen Beispiel sind nur 13 Zuhörer anwesend. Doch auch mit einer deutlich größeren Gruppe können Sie das Gefühl der Vertrautheit erhöhen, indem Sie die Zuhörer in zwei oder drei Hufeisen hintereinander gruppieren

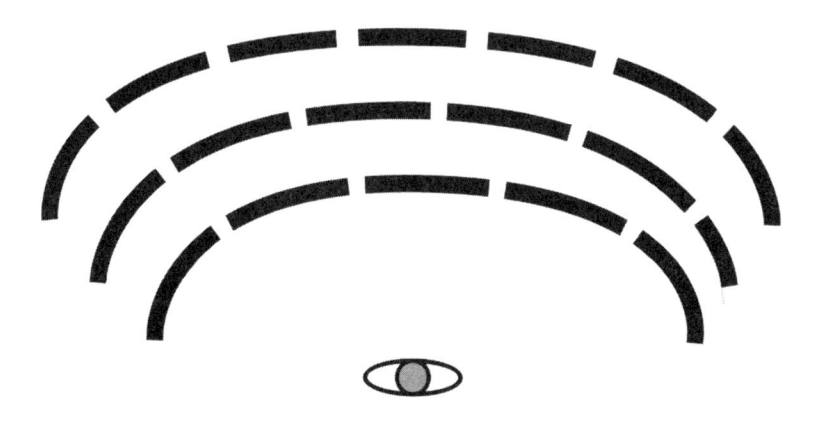

In dieser Hufeisen-Anordnung hat man auch in einer größeren Gruppe ein vertrautes Gefühl, selbst wenn zwei oder drei Sitzreihen aufgebaut sind.

Kapitel 5
›Ich bin ein großer Manager und kein Schauspieler‹
... damit liegen Sie leider falsch.

> Andere Menschen erkennen Ihre Autorität und Kraft an der Art und Weise, wie Sie Worte benutzen.
>
> Marie Tempest, Doyenne des englischen Theaters im frühen 20. Jahrhundert

Vor etlichen Jahren hielt der Schauspieler Richard Burton ein Theaterpublikum in Atem, als er Namen aus dem Londoner Telefonbuch vorlas. Das war alles, was er machte ... er las die Namen vor. Aber die Art und Weise, wie er das machte (tragisch, weinerlich, völlig gelangweilt, begeistert, humorvoll, mit langen, dramatischen Pausen und so weiter) ermöglichte es ihm, die Reaktionen des Publikums zu kontrollieren.

Erst kürzlich lieferte der britische ständig Grimassen schneidende Komödiant Rowan Atkinson, der als Mr. Bean bekannt wurde, auf einer Wohltätigkeitsveranstaltung einen ähnlichen Sketch, als er einen Lehrer spielte, wobei er eine Liste von Jungennamen so vorlas, als stünden sie in einem Klassenbuch. Dies war aus dem gleichen Grund urkomisch. Die Namen waren ganz normale Familiennamen. Doch er wechselte zwischen den typischen schwermütigen, sarkastischen, zynischen und bedrohlichen Sprechweisen eines ausgebrannten Lehrers und konnte so die gleiche Wirkung erzielen. Es lag nicht so sehr daran was er sagte, sondern vielmehr daran, wie er es sagte.

In einem Radioprogramm der BBC wurde erst kürzlich diskutiert, wie die Art der mündlichen Übermittlung die Wahrnehmung der Zuhörer in Bezug auf das Gesagte ändert. Das Hauptthema der Sendung waren der Premierminister im Zweiten Weltkrieg, Sir Winston Churchill, und einige seiner bemerkenswerten Ansprachen. Was viele Menschen nicht wissen ist, dass einige seiner sogenannten Aufzeichnungen im Unterhaus, zu einer Zeit, in der es keine Tonbandaufzeichnungen oder Übertragungen aus dem Parlament gab, tatsächlich von der Stimme des Schauspielers Norman Shelley stammen.

Das Interessanteste an der Analyse dieser sehr bekannten Reden, wer auch immer sie letztendlich aufnahm (»Blut, Schweiß und Tränen ...« oder »Bekämpft Sie an den Stränden ...«) ist die Art und Weise, wie die Ausführung (Tempo, Tonlage, Pausen) die gesamte Wahrnehmung verändert. Wenn die Worte dieser Reden von einer Person mit relativ hoher Stimme und ohne Pausen gesprochen werden, haben sie eine weniger einprägsame oder emotionale Wirkung.

Forschungen am University College of Los Angeles haben die interessante Tatsache aufgedeckt, dass, wenn man eine Person, die eine Präsentation hält, bei einer Rede nur hören und nicht aber sehen kann, über 80 Prozent der Überzeugungskraft des Redners durch die wechselnde Tonlage und die Begeisterung in der Stimme getragen werden. Wenn wir den Redner auch sehen können, dann rangiert die Stimme mit 38 Prozent hinter der Körpersprache mit 55 Prozent, aber immer noch weit vor dem Inhalt selbst, der nur mit 7 Prozent an der Überzeugungskraft beteiligt ist.

Psychologen haben auch entdeckt, dass unsere Gehirne unbewusst darauf gepolt sind, zu merken, wenn etwas, das wir von jemandem hören, nicht »richtig klingt«. Dieser Mechanismus hat nichts mit dem Inhalt zu tun, sondern mit der Art des Sprechens. Aus diesen unterschwelligen Botschaften, die aus einer Kombination von Körpersprache und Stimmlage gewonnen werden, entnimmt der Zuhörer (gleichgültig ob in einem Zweiergespräch oder einer Rede vor Tausenden) einen großen Teil des Eindrucks über die Glaubwürdigkeit, Ehrlichkeit und Begeisterung des Sprechers (oder des Fehlens davon).

Frauen unter den Zuhörern reagieren auf diese unbewussten »Kommunikatoren« zehnmal sensibler als Männer, was es ihnen ermöglicht, ziemlich schnell und genau »zwischen den Zeilen« zu hören. Ahnungen und Bauchgefühl haben in der gleichen Quelle ihren Ursprung. Wann immer man sich erhebt, um mit seiner Präsentation zu beginnen, bilden sich bereits während der ersten fünf Sekunden sehr viele Meinungen – ob es dem Redner gefällt oder nicht.

Proben und Training sind vor jeder Präsentation sehr wichtig. Und weil der »Ton« für den Erfolg einer Präsentation äußerst wichtig ist, sollte in diesem Bereich auch kritisches Feedback gefordert werden. Wenn Sie können, dann hören Sie sich einige frühe Aufzeichnungen der mit heller Stimme sprechenden Mrs. Thatcher an. Und dann vergleichen Sie diese Aufzeichnungen mit der wesentlich tieferen, langsameren, mehr Autorität ausstrahlenden und kraftvolleren Tonart, die sie sich einige Jahre später angeeignet hatte. Jemand der sich auskannte, gab ihr Feedback und trainierte mit ihr.

Einer meiner ehemaligen Chefs hat einen brillanten Geist, klingt aber immer wenn er präsentiert, mürrisch und sehr trist und vermittelt damit einen völlig falschen Eindruck. Nachdem einer meiner Klienten ihn bei einer Versammlung auf der Bühne gesehen hatte, fragte er mich danach: »Ist Ihr Chef *wirklich* so intelligent?«

Ein anderer Kollege im Vorstand mit einer fast ebenso ausgeprägten Intelligenz (ich arbeite nur für die intelligentesten Unternehmen), hatte die Angewohnheit, während seines gesamten Vortrags in regelmäßigen Abständen »äh« zu sagen. Das Ergebnis war, dass sich nach jeder Präsentation Kollegen und Kunden (grausam und hinter seinem Rücken) in der Cafeteria versammelten und die Anzahl der »ähs« addierten, die sie gezählt hatten. Der Inhalt der Präsentation geriet gegenüber diesem Sport völlig in Vergessenheit. Er präsentierte auch ohne erkennbare Leidenschaft, gleichgültig bei welcher Gelegenheit. Während eines dieser berüchtigten Vorfälle im Rahmen einer Konferenz für Verkäufer zum Thema Motivation in Miami, begann er die Eröffnungsrede, die er von einem vorbereiteten Manuskript ablas, mit völlig monotoner Stimme: »... sind wir ein Siegerteam ... darauf können Sie wetten ...«

Da sind keine Fragezeichen oder Ausrufezeichen oder Intonationen, denn in seinem Vortrag gab es keine! Er hatte keinerlei Vorstellung, wie schlecht er rüberkam.

Niemand kann seine eigene Stimme so hören, wie sie von anderen wahrgenommen wird, wenn man sie nicht aufzeichnet. Und die meisten von uns hassen diesen Klang, wenn wir ihn nicht über die wenigen Zentimeter von unserem Mund zu unseren Ohren aufschnappen, sondern von außerhalb, weil es sich für uns dadurch fremd anhört.

Doch wenn Sie es wagen, mit Ihrem »inneren Angsthasen« schonungslos umzugehen, und einige Ihrer Reden oder Proben für Reden, mit einem Audiorekorder, besser noch mit einer Videokamera, aufzeichnen, dann können Sie (wie Mrs. Thatcher) herausfinden, was Ihnen daran nicht gefällt ... und dann etwas dagegen tun.

Wenn Sie einige einfache Techniken einüben, dann ist es möglich, den Klang Ihrer Stimme so zu verändern, dass damit auch die Wahrnehmung anderer Leute verändert wird, wann immer Sie eine Präsentation halten. Das Ergebnis eines solchen Trainings wird sein, dass Sie von den Zuhörern überzeugender, deutlicher, bestimmter und stärker wahrgenommen werden.

Ständiges Üben ... Feedback ... Proben, genau das ist es, was zwei bemerkenswerte Redner, an entgegengesetzten Enden des politischen Spektrums, während des Zweiten Weltkriegs taten. Beide, Sir Winston Churchill und Adolf Hitler, verbrachten Stunden damit, ihre Reden aufzeichnen zu lassen, sie anzuhören, sie zu korrigieren und neu aufzeichnen zu lassen, bevor sie die Reden in hypnotisierenden Vorträgen darboten. Das alles geschah nicht einfach wie von Zauberhand.

Eine große Veränderung in einem kurzen Augenblick

Der Klang Ihrer Stimme ist ein Spiegelbild Ihrer mentalen Verfassung und Ihrer körperlichen Gesundheit. Nur fehlende Begeisterung ist ansteckender als die Begeisterung selbst. Wenn Sie sich sowohl körperlich als auch mental gut fühlen, dann wird Ihre Sprechweise »gehoben« und begeistert sein. Andererseits, wenn Sie einen schlechten Tag hatten und sich nicht darum kümmern, dann werden Sie Depression projizieren, Elend und das Gefühl, dass »das Ende der Welt kurz bevorsteht«. Wenn Ihre Familie im Allgemeinen eher pessimistisch ist und Sie in dieser Atmosphäre aufwuchsen, dann wird auch Ihre natürliche Stimmung als Erwachsener eher negativ oder pessimistisch sein.

Die Elemente, die Ihre Stimme charakterisieren, sind die Tonhöhe, die Sprachmelodie, das Tempo, und Ihr regionaler Dialekt. Wenn

Sie auch nur ein Element verändern, dann werden Sie bemerken, dass sich der Klang Ihrer Stimme dramatisch verändert. Von all diesen Dingen ist die Veränderung des Klangs Ihrer Stimme das wichtigste Instrument, um Begeisterung zu vermitteln und bei den Zuhörern positive Gefühle zu erzeugen.

Sie wollen also wirklich wie eine warmherzige und zugängliche Person klingen? Das geht so ...

Wenn Sie keine warme und zugängliche Erscheinung bieten, werden Sie als überzeugender Redner und als »Verkäufer von Ideen« nicht weit kommen. Sie müssen sofort wissen, wie man wie eine solche Person klingen kann, gleichgültig, wie Ihr Tag bisher verlaufen ist. Wenn der Vorhang einmal aufgegangen ist, dann müssen Sie Ihrem Publikum eine großartige Show bieten. Um schnell die Art und Weise, wie Sie sich anhören, zu verändern, tun Sie Folgendes:

1. **Ankerwort.** Denken Sie an ein Wort, das mental mit *dem Klang* Ihrer Stimme in Verbindung steht, den Sie gern hätten. Wiederholen Sie dieses Wort im Geist vier Mal laut und sprechen Sie dieses Wort wirklich mit sehr viel Gefühl. Es spielt keine Rolle, welches Wort das ist, aber es muss für Sie eine Bedeutung haben. Mein Ankerwort für eine warme und zugängliche Stimme ist »Freundschaft«. Wiederholen Sie Ihr Wort laut, langsam und mit viel Gefühl. Wenn Sie diese Übung wie beschrieben durchführen und das Wort die Gefühle in Ihnen reflektiert, dann werden Sie bemerken, dass Ihre Stimme beginnt, sanfter zu werden.
2. **Visualisieren Sie.** Konzentrieren Sie sich vor Ihrem geistigen Auge auf ein mentales Bild, das dieses Schlüsselwort deutlich hervorhebt und betont. Welches Bild kommt Ihnen in den Sinn, wenn Sie an »Freundschaft« denken? Ich sehe eine Gruppe von lächelnden engen Freunden, die ich schon seit 30 Jahren kenne. Wahrscheinlich haben Sie ein völlig anderes Ankerwort gewählt und deshalb haben Sie auch ein völlig anderes mentales Bild vor sich. Das Ankerwort könnte auch

»zart« sein, und dann könnten Sie sich vorstellen, dass sie die Hand eines Babys halten.

3. **Körperhaltung.** Nun stehen oder sitzen Sie auf eine Art, die zu dem Klang passt, den Ihre Stimme haben soll. Die Körperhaltung eines warmen und zugänglichen Körpers ist sehr entspannt. Um zu entspannen, versuchen Sie Ihr mentales Bild ganz klar und deutlich zu sehen, spannen Sie jeden Muskel Ihres Körpers an, atmen Sie tief ein und halten fünf Sekunden lang die Luft an. Dann atmen Sie zehn Sekunden lang aus und entspannen gleichzeitig alle Muskeln.

4. **Ihr Gesicht.** Die tatsächlichen Dimensionen und Ihr Gesichtsausdruck werden ebenfalls den Klang Ihrer Stimme beeinflussen. Eine der einfachsten Methoden, die Stimme warm und zugänglich klingen zu lassen, ist ein großes breites Lächeln. Eine der ersten Lektionen, die Verkäufer lernen, ist, dass man das Lächeln hören können muss, selbst wenn man das Gesicht nicht sieht. Wenn Sie lächeln, dann klingt Ihre Stimme sofort wesentlich wärmer. Bei vielen Menschen kommt dies nicht automatisch, ganz besonders nicht bei Menschen, in deren bisherigem Leben das Glas immer nur halbvoll zu sein schien. Deshalb können Sie vor einem Spiegel üben (wirklich) oder Sie stellen einen Spiegel auf Ihren Schreibtisch und versuchen im Verlauf des Tages möglichst oft glücklich auszusehen, wenn Sie Ihren Gesichtsausdruck im Spiegel kontrollieren. Einer meiner Freunde erzählte mir witzelnd, etwa einen Monat, nachdem ich ihm diesen Tipp gegeben hatte, dass er tatsächlich versuchte, ganz bewusst mehr zu lächeln, selbst wenn er sich überhaupt nicht danach fühlte. Das Ergebnis, so gestand er grummelnd, war sogar für ihn selbst erstaunlich, ebenso für seine Familie und seine Arbeitskollegen.

Nun würden Sie sich gern anhören wie ein kraftvoller Unternehmensführer? Und das geht so ...

Sie müssen sich eine kraftvolle und bestimmende Tonart angewöhnen, wenn Sie wollen, dass die Zuhörer Sie ernst nehmen und überzeugt davon sind, dass Sie meinen, was Sie sagen. Sie können diese Tonart sehr wirkungsvoll anklingen lassen, wenn Sie in einer Situation die Kontrolle behalten wollen.

Um zu einem Ton zu wechseln, der nach Kraft und Autorität klingt, tun Sie Folgendes:

1. **Ankerwort**: Das Ankerwort, das ich für Kraft und Autorität verwende, ist »fest«. Nun wählen Sie Ihr Ankerwort und wiederholen es vier Mal laut und impfen es mit Gefühl und Emotion. Ich sage dann: »fest«, »fest«, »fest«, »fest«.
2. **Visualisieren Sie**: Während Sie Ihr Ankerwort wiederholen, suchen Sie ein Bild, das für Sie Kraft und Autorität bedeutet. Ich denke an Winston Churchill. Das Kriegskabinett sieht mich an und wartet, während ich über meinen nächsten Schachzug nachdenke. Ich fühle mich mächtig und habe alles unter Kontrolle, und das verleiht mir großes Selbstvertrauen. Sie müssen Ihr eigenes Bild finden ... es könnte auch ein Tier sein ... ein Löwe, der sein Revier bewacht? Führen Sie sich Ihr Bild, egal welches Sie wählen, so scharf und deutlich vor Ihr geistiges Auge, wie Sie nur können.
3. **Körperhaltung**. Wie steht, bewegt sich, sitzt eine mächtige Persönlichkeit mit viel Autorität? Normalerweise halten sich diese Personen sehr aufrecht mit geradem Rücken und erhobenem Kopf. Wie würden Sie vor einem Publikum stehen, das auf jedes Ihrer Worte wartet? Wie würden sich Ihre Füße auf dem Boden anfühlen? Während Sie sich Ihre gewünschte Haltung vorstellen, wiederholen Sie einige Male Ihr Ankerwort, um diese Haltung mental zu verankern.
4. **Ihr Gesicht**. Sehen Sie noch einmal in den Spiegel. Kneifen Sie die Augen zusammen und betrachten Sie Ihr Spiegelbild. Lächeln Sie, als ob Sie den wartenden Teilnehmern einer Konferenz gerade eine schwierige Ankündigung machen müssten. Sie sind der Anführer ... Sie haben das Sagen und Sie wissen es. Nichts kann Sie ins Wanken bringen.

Weitere rhetorische Tricks

Damit Sie eine maximale Wirkung erzielen, dürfen Sie auf keinen Fall vergessen, dass es bei Ihrer Rede nicht nur darum geht, die Zuhörer mit einer Masse von Worten zu überschütten und dann so schnell wie möglich von der Bühne zu verschwinden. Hier sind drei der wichtigsten Hilfsmittel.

- **Pausen** sind die dramatischsten Tricks aller Redner. Churchill liebte seine Pausen. Wenn Sie gerade eine wichtige Aussage gemacht haben, dann lohnt es sich, eine Pause einzulegen ... zählen Sie in Gedanken bis drei oder vier ... sehen Sie sich unter den Zuhörern um ... und dann sprechen Sie weiter.
- **Senken Sie die Lautstärke Ihrer Stimme**, wenn Sie ein wichtiges Argument anführen, denn üblicherweise erwartet man, dass Sie Ihre Stimme anheben.

[Normale Tonlage der Stimme] »Werden wir diesen schrecklichen Stand der Dinge noch ein weiteres Jahr akzeptieren!?« [Pause ... leisere Stimme] »Nein, das werden wir nicht!« ... [Pause] ... »Nein, das werden wir **auf keinen Fall**!«

Die Wirkung ist, dass die Zuhörer sich wirklich konzentrieren müssen um zu hören, was der Redner sagt, da die Lautstärke seiner Stimme schwindet. Weil die Zuhörer ganz bewusst und konzentrierter lauschen müssen, sind die Worte wirkungsvoller. Wenn dieser Effekt erreicht wurde, kann der Redner wieder zu seiner normalen Tonlage und Lautstärke zurückkehren.

- **Langsam und leise zur Macht.** Das wurde schon zuvor in diesem Buch erwähnt. Starke Menschen mit Autorität haben es nicht nötig sich zu beeilen und sind es gewohnt, dass man ihnen gehorcht. Ein einfacher Weg, das zu erreichen, ist, einen Fuß hart gegen den Boden zu drücken, während man spricht. Sie werden bemerken, dass Ihre Stimme sofort tiefer und langsamer wird. Üben Sie es, wenn Sie mit Ihrem Auto fahren, indem Sie Ihren **linken** Fuß (aus ganz offensichtlichen Gründen nicht Ihren **rechten** Fuß) stark nach unten gegen den Boden drücken, und dann benennen Sie laut einige Verkehrszeichen, an denen Sie vorbeifahren.

Kapitel 6
›Ach ja ... wahrscheinlich können Sie das ganz da hinten gar nicht lesen‹

> Powerpoint® Präsentationen gleichen zu oft einem Theaterstück in der Schule – sehr laut, sehr langsam und sehr einfach.
>
> *Edward Tufte*, Professor Emeritus der Yale University

Diesen Punkt habe ich bereits weiter vorne angesprochen. Ich sagte, dass die meisten schlechten bis mittelmäßigen Redner ihre Vorträge mit Powerpoint® beginnen. An Powerpoint® an sich ist überhaupt nichts falsch. Ich möchte sogar noch einen Schritt weiter gehen und sagen, Powerpoint® ist brillant! Es ist ein großartiges, einfaches, preisgünstiges, effektives und flexibles Hilfsmittel, um Folien vorzubereiten.

Das Problem ist nur ... 90 Prozent der professionellen Redner haben nicht die geringste Ahnung, wie man es wirkungsvoll einsetzt.

Auf den folgenden Seiten sehen Sie einige meiner Favoriten sinnloser Folien:

1. Die Folie voller Punkte

Die neue Strategie

- Alle müssen auf ein gemeinsames Ziel hin zusammenarbeiten.
- Der geschäftsführende Direktor und der Aufsichtsrat unterstützen uns.
- Entwicklung ist der Schlüssel zum Gesamterfolg.
- Die Verkaufsabteilung hat einen neuen Vergütungsplan.
- Die Kundenbetreuung hat eine neue Computerausstattung.
- Dieses Projekt erfordert 24 Stunden am Tag, 7 Tage die Woche Einsatz von uns allen.
- Die letzten Umsatzzahlen sind ermutigend. Wir müssen mehr tun.
- Unsere Partner in Paris, New York und Seoul helfen uns.
- Dies ist die größte Chance, die wir im letzten Jahrzehnt hatten.
- Wir werden gemeinsam die Hölle öffnen!

Das zusätzliche kleine Extra, das sich auf solchen Folien befindet, ist häufig der Aufbau der einzelnen Punkte, die, einer nach dem anderen von oben nach unten oder von der Seite oder von rechts oben nach links unten in die Folie einfliegen. Der Hintergrund ist oft sehr dunkel, wenn er auf einen Großbildschirm projiziert wird, und da die Schrift meistens auch dunkel ist (auf dem Bildschirm des Laptop sah das noch sehr gut aus), kann es hinter der fünften Reihe leider nicht mehr gelesen werden.

2. Die Folie mit dem Zitat des leitenden Managers

> **Die Rede des Vorsitzenden**
>
> »… und so lassen Sie mich im Licht der heutigen Entwicklungen sofort sagen, dass ich die herrschenden Umstände nicht auf die leichte Schulter nehme. Tatsächlich werde ich sogar weiter gehen und sage kategorisch, dass das, was Sie bereits wissen, und da bin ich ganz sicher, der genaue und tatsächliche Beweis für den aktuellen Stand der Dinge ist. Wenn also etwas, das ich hier sage, angezweifelt wird, dann bin ich bereit, diese Herausforderung anzunehmen! Denn wenn ich Ihnen hier einen falschen Optimismus vermitteln wollte, dann wäre das Ihnen allen gegenüber nicht fair und ich würde auch mir selbst gegenüber nicht treu bleiben.
>
> Doch könnten Sie mich mit Fug und Recht fragen, ob wir immer noch eine Zukunft haben, der wir freudig entgegensehen können? Darauf möchte ich antworten, indem ich Ihnen sage: Natürlich blicken wir in eine blendende Zukunft. Und ich möchte, dass Sie alle an dieser Zukunft beteiligt sind.«
>
> *Lord Irgendwer, Aufsichtsratsvorsitzender*

Normalerweise wendet sich der Vortragende bei dieser üblichen Textfolie dem Bildschirm zu (mit dem Rücken zu den Zuhörern) und liest den Text Wort für Wort vom Bildschirm ab. Er weiß nicht, dass die Zuhörer den Text doppelt so schnell lesen können, wie er ihn vorlesen kann. Sie erreichen das Ende des Textes, während er noch bei der Hälfte ist, und im Allgemeinen schlafen die Zuhörer dann langsam gelangweilt ein, während sie warten, dass der Vortragende ebenfalls fertig ist.

Zuerst aber muss ich wiederholen, was ich schon zu Beginn gesagt habe:

> Ihre Folien-Show ist nicht Ihre Präsentation …
> *Sie* sind Ihre Präsentation!

Wenn Ihre Folien-Show Ihrer Meinung nach eine »Stichpunkt-Krücke« ist, an die Sie sich anlehnen könnten, um damit Ihre Präsentation zu soufflieren und anzutreiben, dann bestrafen Sie sich vielleicht selbst, indem Sie ängstlich wirken und gequältes Gelächter in den Reihen der Zuhörer provozieren.

Wenn Sie unbedingt Stichpunkte benutzen müssen, dann sollten Sie einige Grundregeln beachten:

- Maximal 30 Wörter auf einer Folie.
- Kürzen Sie den Text – und dann kürzen Sie ihn noch einmal.
- Benutzen Sie eine normale Schrift (wenn zum Beispiel alles in Versalien geschrieben ist, ist es schwierig zu lesen).
- Verwenden Sie helle Buchstaben auf dunklem Hintergrund.
- Stellen Sie im Voraus sicher, dass man aus dem Rückraum des Raums alles gut erkennen kann.
- Verwenden Sie nicht zu viele (besser keine) Überleitungstricks. Das hilft Ihnen auch nicht.

Ich habe einmal eine Präsentation gesehen, noch zu einer Zeit, als man Dias im 35-mm-Format benutzte, die von einer Spezialfirma angefertigt werden mussten. Während seiner Präsentation, in die eine Reihe hervorragender Dias eingebaut waren, drückte der Vortragende versehentlich auf den Rückwärts- und nicht auf den Vorwärtsknopf.

Der Mann war ein ziemlich guter Redner und seine Präsentation war in vollem Gange, aber er sah nicht zurück auf die Leinwand und konnte so nicht wissen, was geschah. Das Ergebnis war, dass seine Präsentation vorwärts verlief, während die Dias ständig in umgekehrter Reihenfolge gezeigt wurden. Der Gag aber war, dass dies unter den Zuhörern niemand bemerkte, überhaupt niemand. Die Konzentration richtete sich, wie immer, auf den Vortragenden. Einige im Publikum mögen vielleicht gedacht haben, dass die wirklich unpassenden Dias eine sehr ungewöhnliche Art waren, ein Argument zu betonen. Sie passten sicherlich in die Kategorie einer »ungewöhnlichen Betonung«, aber niemand bemerkte, dass das, was da vor sich ging, falsch war. Alle waren der Meinung, es sei eine gute Präsentation gewesen.

Doch immer noch ist die Vor- und Aufbereitung der Stichpunkt-Folien für den mittelmäßigen bis schlechten Redner (oder die

Angsthasen unter Ihnen) das Wichtigste, was er vor »dem Tag« macht.

Die wirkliche Rolle, die Folien oder andere visuelle Hilfen spielen, ist, ein Argument oder eine Aussage des Vortragenden zu verstärken. Die visuelle Seite einer Präsentation ist sehr wichtig, aber dies steht zumeist in Verbindung mit den Bildern, der Körpersprache und der Mimik des Vortragenden, **nicht** aber mit einer Bulletpoint-Show. Gute visuelle Hilfen unterscheiden sich deutlich von dem Mist, der sich gewöhnlich als visuelle Hilfe verkleidet.

Falls Sie glauben, dass ich im Grunde genommen gegen eine Dia-Show bin, dann lassen Sie mich sagen, dass ich durchaus für Bilder bin, aber erst, wenn die Präsentation zuvor geplant und zusammengestellt wurde. Die Gründe:

- Studien am Wharton Research Center in Pennsylvania zeigen, dass die Verwendung von Bildern zur Verstärkung eines Arguments großen Einfluss auf die Erinnerung hat. Gute Bilder oder Dias (oder Folien), ganz besonders ungewöhnliche Abbildungen, machen eine Präsentation wirklich einprägsam. Wer auch immer einmal sagte »Ein Bild sagt mehr als tausend Worte«, wusste genau, worüber er oder sie sprach.
- Die Verwendung von Bildern verdoppelt Ihre Chance, dass das Publikum Ihre Präsentation in Erinnerung behält.
- Wenn Sie erreichen wollen, dass Ihr Standpunkt verstanden wird, dann spielen Bilder eine sehr wichtige Rolle.

Seien Sie vorbereitet

Einer der häufigsten Anblicke, der sich Ihnen an einem Montagmorgen in den Konferenzräumen auf der ganzen Welt bietet, ist das des ängstlichen Verkäufers, der sich auf seine große Präsentation vor den Leuten aus der Einkaufsabteilung eines potenziellen Kunden vorbereitet. Das Meeting sollte bereits vor fünf Minuten begonnen haben, aber der Projektor des Kunden spricht nicht mit dem Laptop des Verkäufers, auf dem die Folien gespeichert sind. Der Chef der IT-Abteilung des Unternehmens krabbelt unter den Tisch, schlägt dabei mit seinem Kopf gegen die Tischkante und versucht, die verschiedenen Stecker zusammenzufügen. Dann stellt sich heraus, dass die

Glühbirne des Projektors defekt ist. Die Einkäufer sind nun außerhalb des Konferenzraums und warten darauf, dass die Konferenz beginnt, aber der Projektor funktioniert nicht und es steht auch kein anderer zur Verfügung. Was also tun? Normalerweise ... in 99 Prozent aller Fälle ... gibt es keinen Plan und ohne die Slideshow keine Präsentation.

Erstens sollten Sie immer in eine Präsentation gehen, wenn Sie Ihre Sache durchziehen können, auch wenn der Projektor oder Beamer nicht funktioniert. Kurz: Ihre Präsentation sollte auch dann gut sein, wenn Sie gezwungen sind, mit einem Flip-Chart und einem Markerstift oder auch nur mit einer Papierserviette und einem Kugelschreiber in einem Restaurant auszukommen.

Die *Art und Weise*, wie Sie das vortragen, was Sie zu sagen haben, ist weitaus wichtiger als alle technischen Spielereien der Welt. Die Technik mit Beamern und Großbildschirmen zur Datenübertragung ist immer noch so unzuverlässig, dass ein unvorbereiteter Redner innerhalb weniger Sekunden zum Angsthasen mutieren kann.

Das Schlimmste, was ich bei einer auf einer Bildershow beruhenden Präsentation jemals erlebt habe, war Ende der 1990er-Jahre in Puerto Rico. Eine große Verkaufskonferenz versammelte sich am Abschlussabend zu einem Galadinner und hatte, als besonderen Leckerbissen, einen Redner, der als weltweit angesehener Experte für den Internethandel galt und nach dem Essen auftreten sollte. In seine Rede sollte eine Folienshow einfließen, und der Großbildschirm, auf den die Bilder übertragen werden sollten, war mitten im riesigen Bankettsaal aufgestellt. Der Hauptgang dauerte etwa 90 Minuten und dann war es Zeit für einen Kaffee. Der Saal wurde ziemlich warm, aber die 350 Zuhörer freuten sich wirklich darauf, etwas von einem internationalen Experten zu hören. Als der Kaffee serviert wurde, wurde offensichtlich, dass etwas schieflief. Techniker versammelten sich um den großen Monitor, der eindeutig nicht funktionierte. In den nächsten 20 Minuten kamen immer weitere Techniker und kratzten sich am Kopf, aber letztlich hatten sie die Antwort gefunden: Der warme Saal war von den 350 Menschen aufgeheizt und dabei von einer warmen karibischen Brise unterstützt worden. Dies hatte zu einem »Überhitzungskurzschluss« im Projektor geführt, der dann »ausfiel«. Nichts konnte getan werden, um ihn dazu zu bewegen, seine Arbeit wieder aufzunehmen. Erfahrungsgemäß würde es 60 Minuten dauern, bis man ihn wieder einschalten konnte. Der Redner war ohne seine Powerpoint®-Folien völlig verloren. Er hatte keinen »Plan B«. Man konnte die Gäste nicht eine Stunde lang warten lassen und deshalb wurde die Rede zum großen Bedauern aller abgesagt. Es war seltsam, aber niemand gab der Technik die Schuld, sondern man gab dem Redner die Schuld. Alle sagten: »Er hätte darauf vorbereitet sein müssen.«

Das mag zwar unfair erscheinen, aber so ist es nun einmal.

Diesen Vorfall erzählte ich kürzlich einem CEO einer Mineralölgesellschaft. Er hörte zu und begann zu nicken. »Das ist richtig«, sagte er. »Immer wenn ich meine ›Nummer 2‹ beobachte, wenn er vor potenziellen Kunden spricht, dann stelle ich fest, dass die ganze Sache lebendig wird und immer lebendiger, wenn er erst einmal von unserer formellen Bildershow abweicht und anfängt, auf dem Flip-Chart zu zeichnen.«

Powerpoint® wird so oft benutzt, doch die meisten Anwender halten verbissen an der einen Sache fest, wofür es nicht benutzt werden sollte: für Bullets und für Text. Es gibt sechs andere Möglichkeiten, wie man seine Präsentation verderben kann. Eine davon wurde soeben geschildert und so sind es insgesamt die

Sieben Todsünden visueller Hilfen

1. **Stichpunkte und Text**. (Nun, das haben wir schon bis zum Erbrechen besprochen.)
2. **Scheußliche Bilder**. Heute gibt es preiswerte Digitalkameras und so muss man nicht unbedingt auf Bilder aus dem Internet zurückgreifen. Kaufen oder borgen Sie sich eine Digitalkamera. Nehmen Sie das Foto auf, das Sie brauchen, und stellen Sie sicher, dass es Ihre Geschichte bereichert. Laden Sie es in Ihren Ordner »meine Bilder«. Übernehmen Sie es auf eine Powerpoint®-Folie. Wenn Sie ein Bild aus einer Bibliothek benutzen (auf der Website von Powerpoint gibt es eine Unmenge an Bildern, die nicht mit einem Copyright belegt sind), achten Sie darauf, dass es nicht zu albern aussieht,

aber trotzdem dazu beiträgt, das Argument zu verstärken, das Sie vermitteln wollen. Irgendein altes Bild ist nicht geeignet.
3. **Clipart.** Cliparts sind reichlich verfügbar und Sie wissen, wie man sie benutzt. Fügen Sie ein Bild »Händeschütteln« ein oder »ein Mann, der auf einen Berg steigt« hinzu, trägt das kaum zur Einprägsamkeit Ihrer Präsentation bei.

Die neue Strategie

- Jeder muss auf ein gemeinsames Ziel hin zusammenarbeiten.
- Der Geschäftsführer und der Vorstand unterstützen uns.
- Der Kundenservice ist bereit.
- Die Umsätze sitzen in den Startlöchern.

Auf geht's, Team!!!

Nein!
Wie wäre es, wenn Sie ein Foto mit einer Digitalkamera aufnehmen und darauf die wirkliche Marketingabteilung plus Vorstandsmitglieder plus Kundenservice und Verkäufer zu sehen sind, die gerade an einem Strick ziehen, dessen Ende aus der Ecke des Fotos auf das Publikum zuläuft? Bringen Sie die Zuhörer zum Lachen, und ich garantiere Ihnen, sie werden sich daran erinnern. Vielleicht ist das nicht die beste Lösung ... aber es wirkt ein wenig kreativer.

4. **Besch...eidene, gezogene Bilder.** Seien Sie vorsichtig, wenn Sie Bilder aus dem Internet kopieren und einfügen. Die Qualität der »gezogenen« Bilder ist normalerweise schrecklich – ganz absichtlich –, weil man nicht will, dass sie geklaut werden ... ganz besonders sogenannte »Thumbnail«-Bilder.

Wenn sie in voller Größe dargestellt werden, dann sind sie noch schlimmer als nutzlos.
5. **Nehmen Sie das Copyright ernst.** Als Ergänzung zu den vorangegangenen Punkten sind die zuvor erwähnten Bilder wahrscheinlich mit einem Copyright versehen, und wenn Sie diese verwenden, ohne um Erlaubnis zu fragen, dann könnten Sie belangt werden. Denken Sie immer daran ... wenn es eine öffentliche Präsentation ist, wer könnte dann alles im Publikum sitzen? Sie werden überrascht sein, wie wenig es kostet, ein Bild zu lizenzieren und einige Bilder ordnungsgemäß zu benutzen, wenn Sie den Besitzer der Website darum bitten. Dann wird Ihnen ein qualitativ hochwertiges Bild geschickt, auf das Sie stolz sein können. Eine Seite, die hervorragende Karikaturen des Magazins *The New Yorker* enthält, lizenziert Ihre Karikaturen für 75 Dollar (im Jahr 2006) und Sie können auch Nachdrucke von bis zu 10 000 Papierbildern für den gleichen Preis erhalten. (www.cartoonbank.com)
6. **Weil es halt da ist.** Irgendwelche Bilder sind einfach ungeeignet. Wenn Sie ein Foto der Hauptniederlassung zeigen, nur weil Sie gerade über etwas sprechen, worüber die Marketingabteilung und der Vorstand verhandelt haben, dann wird Ihnen das nicht wirklich helfen, dem Kunden Ihre Botschaft zu vermitteln (obwohl es vermutlich helfen könnte, Ihre Glaubwürdigkeit bei einem ausländischen Kunden zu etablieren). Denken Sie, bevor Sie irgendein Bild einarbeiten: Unterstützt es tatsächlich Ihr Argument?
7. **Großartig, wir haben ein Video.** Viele Angsthasen sind hocherfreut, wenn sie ein zehnminütiges Video finden, das einen großen Teil ihrer Präsentation abdeckt. Ärgerlich ist nur, dass wir (das Publikum) im Fernsehen die ganze Zeit Videos sehen, und wenn es mal langweilig wird, haben wir immer die Möglichkeit, den Kanal zu wechseln. Hier, in der Präsentation müssen wir sitzen bleiben und das ganze Ding ansehen, ob es uns gefällt oder nicht. Am Anfang meiner Zeit als professioneller Redner und Trainer fand ich heraus, dass Videos auf dem Feedback-Formular am Ende einer Präsentation immer am schlechtesten bewertet wurden. In der Regel findet ein

professionelles Publikum ein Video nach einer Minute langweilig und schläft fast ein, oder es hat nach spätestens zwei Minuten völlig abgeschaltet. Machen Sie es sich zur Regel, dass ein Video etwa eine Minute lang sein darf, maximal aber 90 Sekunden, wenn es absolut erforderlich ist. Alles was darüber hinausgeht, wirkt tödlich.

Welche visuellen Hilfsmittel funktionieren also?

Visuelle Hilfen sind wesentlich mehr als nur Powerpoint®-Folien. Ebenso wie sie die Präsentation einprägsamer machen können, können sie das Publikum auch zum Lachen bringen und zur Auflockerung in jeder Art von Präsentation beitragen. Haben Sie keine Angst, ein wenig aus Ihrer Komfortzone herauszutreten. Sie wollen ein Anliegen vermitteln und kämpfen um Aufmerksamkeit. Sie müssen einen Weg finden, außergewöhnlich zu sein, wenn man sich an Sie erinnern soll.

Es ist sehr selten, dass sogar leitende Angestellte als Zuhörer die Chance zu lachen nicht nutzen würden. Ich habe gerade eine Einladung akzeptiert, im Rahmen einer wichtigen Konferenz in einer aufstrebenden Stadt im Mittleren Osten eine Rede zu halten. Das Thema war sehr trocken und ich hatte diese Aufgabe nur sehr zögerlich angenommen. Ich unterrichtete die Organisatoren per E-Mail über meine Bedenken. Der verantwortliche Herr schrieb mir eine lange und bittende E-Mail zurück, dass ich nicht absagen solle. Er schrieb (auch in Großbuchstaben): »BITTE, BITTE KOMMEN SIE UND BRINGEN SIE UNS UND DAS GANZE PUBLIKUM ZUM LACHEN. WIR WOLLEN TEILNEHMEN. WIR WOLLEN UNS AN IHRER REDE ERFREUEN.«

Zu visuellen Hilfen zählen eigentlich alle Arten theatralischer Requisiten, Echtzeit-Demonstrationen, Päckchen und Briefumschläge, die das Publikum öffnen muss, und Aktivitäten, an denen es teilnehmen muss. Je mehr Sie *alle* Sinne der Zuhörer ansprechen, Sehen, Riechen, Geschmack, Tastsinn und Gehör, umso besser werden Sie Ihre Botschaft in das Gehirn des Publikums »einbrennen« können. Wenn Sie die Vorstellungskraft als visuelle Hilfe einsetzen, dann macht dies jedes Gespräch, jedes Seminar oder jede Konferenz lebendig, und es stellt auch sicher, dass darin viel unwiderstehlicher Humor enthalten ist. Tatsächlich wird Humor zumeist von den Zuhörern kommen, wenn sie die Requisiten sehen, die von Ihnen verwendet werden (oder von Ihnen getragen werden) oder, noch besser, wenn Sie einen ihrer Kollegen in der ersten Reihe sehen, der eine tolle Präsentationshilfe trägt, hält oder benutzt.

Ich gebe Ihnen einfach ein paar Beispiele, die ich bereits erfolgreich eingesetzt habe:

Die Dollarnote

Ich benutzte Klebeband, um jeweils eine Eindollarnote unter den Stühlen der Zuhörer zu befestigen. Die Zuhörer gehörten zu einer inaktiven Verkäufertruppe, die Motivation brauchte. Am Ende wurden alle Teilnehmer gebeten aufzustehen und unter ihren Stuhl zu schauen. Als sie die Geldscheine sahen, lautete mein Aufruf zum Handeln: »Wenn Sie Dollars haben wollen, dann müssen Sie Ihren Hintern heben!« (Gelächter? Ja, und einige von ihnen zeigen mir – 15 Jahre später – immer noch diese Dollarnoten, wenn ich sie treffe.)

Der Stuhl, auf dem sie sitzen

Erzählen Sie den Zuhörern etwa in der Mitte der Präsentation, dass unter einem ihrer Stühle mit Kreide ein weißes Kreuz markiert wurde. Diese Person muss am Ende zur Bühne kommen und innerhalb von 30 Sekunden eine Zusammenfassung der ganzen Rede halten. Natürlich muss das niemand tun, aber es kann als Beispiel dafür dienen, wie man die Herzfrequenz und die Angst anderer durch das, was man sagt oder tut, beeinflussen kann. Fragen Sie am Ende, wie sie sich fühlen, nachdem sie nun wissen, dass nicht ausgeguckt wurden ... wie verändert sich das Gefühl und die Angst?

Eine imaginäre Zitrone

Wenn Sie alle Zuhörer bitten, eine imaginäre halbe Zitrone in ihren Händen zu halten und sich einige Sekunden lang vorzustellen, wie der Saft über ihre Finger läuft, dann ist das eine grandiose Möglichkeit zu demonstrieren, wie die Vorstellungskraft eingesetzt werden kann, um Menschen durch Anzeigen und bei Verkäufen zu beeinflussen. Der wässrige Mund bei einer echten Zitrone kann sogar die skeptischsten Menschen überzeugen.

Konservendosen

Einmal sah ich, wie ein Kommunikationsmanager seine Marketingabteilung überzeugte, mehr Geld für ein Kommunikationssystem zur Nachbetreuung bereitzustellen und dazu ein Konservendosen-Telefon benutzte. (Zwei Konservendosen, die durch eine lange Schnur verbunden sind.) Er bat den Chef – in der ersten Reihe – ein Ende des Netzwerks zu halten (eine Konservendose), während er in die Konservendose am anderen Ende der straff gespannten Schnur sprach. Nachdem sie zehn Sekunden gesprochen hatten, nahm er eine Schere und schnitt die Schnur durch und fragte den Chef der Marketingabteilung, weshalb er seine Stimme in der Dose nicht mehr hören konnte. Nun, wenn es eine zweite Schnur gegeben hätte ...

Eine echte Zitrone

Dies ist ein wunderbares Requisit zum Fühlen, das ich schon sehr oft verwendet habe. Abhängig von der Präsentation können Sie jedem Zuhörer eine Zitrone geben, die er mit nach Hause nehmen darf. Sie kann verwendet werden, um sehr viele Argumente zu verstärken, die Sie den Zuhörern mitgeben wollen. Dazu gehört, dass möglichst viele Sinne angesprochen werden. Eine Zitrone ist etwas zum Fühlen, sie hat eine helle Farbe, einen sauren Geschmack, von ihr lassen sich lustige Assoziationen ableiten, sie ist prägnant und sehr handlich. Eine Zitrone ist ein großartiges Requisit, wenn Sie selbst Kommunikationstrainer ausbilden. Es eignet sich auch bestens dazu, Argumente einprägsamer zu machen.

Der Schutzhelm

Für eine Präsentation zu Gesundheit und Sicherheit am Arbeitsplatz ist ein Schutzhelm immer noch eine gute Hilfe, wenn man die Notwendigkeit betonen will, für den Arbeitsplatz gut vorbereitet und ausgerüstet zu sein ... Er eignet sich für Bauberufe und für das Baunebengewerbe und auch dafür, Informationen, Fakten und Beweise zu sammeln. Er kann in Situationen, in denen man ihn nicht erwarten würde, auch für außergewöhnliche Betonungen benutzt werden. Beispielsweise für das Rechnungswesen oder für den IT-Bereich.

Der große Hut des Chefs

Ich benutze ihn oft, wenn ich zu Gruppen spreche, die eine unterschiedliche Mischung von Aktivitäten und Verhaltensweisen in ihr Leben integrieren müssen, wenn sie wirklich etwas verändern wollen. In der Vorbereitung wird oft übersehen, dass dieser Hut auch ein wunderbares Requisit sein kann. Beispielsweise, um Aspekte des Vermischens, einer Arbeitsgruppe, der Auswahl von Zutaten, Menschen, Lieferanten oder Methoden zu diskutieren. (Seien Sie aber vorsichtig mit diesem Requisit. Ein Freund benutzte diesen Hut und behielt ihn bis zum Ende der Rede auf dem Kopf. Probleme gab es aber erst, als er damit in die Londoner U-Bahn einstieg und auch noch seinen Mantel anhatte. Er wunderte sich, weshalb alle anderen Fahrgäste ihn ständig anstarrten.)

Der Werkzeugkasten

Ein Werkzeugkasten kommt immer gut an, wenn Sie ihn unerwartet während einer routinemäßigen geschäftlichen Präsentation hervorziehen. Hammer, Säge, Bohrer ... sie alle können unterschiedlich aussehen, aber sie sind erforderlich, um eine gute Arbeit abzuliefern. Ein gutes Sinnbild für Produktreihen, Methoden, Materialien, Dokumente, Gruppenmitglieder und so weiter. Jedes Werkzeug ist für einen besonderen Zweck geeignet ... und steht in Verbindung zu den anderen Werkzeugen im Werkzeugkasten.

Eine Kerze auf einem Teller

Kürzlich war ich wirklich baff über die Möglichkeit, wie man eine Gruppe von desillusionierten und zynischen leitenden Angestellten von einem Handlungsbedarf überzeugen kann. Beim Frühstück in einem skandinavischen Hotel, in dem ich gerade war – überall Kerzen –, kam mir die Idee. Ich borgte mir vom Hotel eine große Kerze und befestigte sie mit ein wenig geschmolzenem Wachs auf einem Teller. Am Ende meiner Rede sagte ich den Zuhörern, dass ich die wirkliche Kraft der Gedanken durch das Anzünden einer Kerze demonstrieren würde und sie dann die Kerze allein durch Imagination löschen sollten. Dieser Gedankengang, so sagte ich ihnen, sei sehr stark und sie würden sehen, dass allein durch die Kraft der Gedanken die Flamme gelöscht werden könne.

Sie alle saßen zwei stille Minuten da und starrten auf die Flamme – ging sie aus? ... nein ... ja ... nein ...

Am Ende dieser zwei Minuten trat ich plötzlich vor, mit feuchten Fingern drückte ich die Flamme aus und durchbrach die »ohrenbetäubende« Stille: »Was für ein Quatsch. Wenn Sie wollen, dass in Ihrem Leben etwas geschieht, dann wird es nicht ausreichen, nur dazusitzen und zu denken. Sie müssen etwas tun.«

Dann gab ich jedem eine Kerze mit nach Hause. Die Kerzen stehen immer noch auf ihrem Schreibtisch, und der Abteilungsleiter ließ zur Erinnerung ein Poster mit einer Kerze drucken und es in jedem Büro aufhängen.

Brot und Butter

Das ist ein anderes gutes hilfreiches Requisit, wenn Sie wollen, dass die Zuhörer bei den Grundsätzen bleiben und nicht ständig nach Alternativen suchen. Die Antwort auf das Leben ist kein galaktischer Zauber, sondern normalerweise die Antwort auf die Frage: »Wie gut erledigen Sie die ganz normalen Aufgaben?«

Die Grubenlampe

Ein gutes Requisit, um Verkäufer zu ermutigen, stärker nach Kunden zu suchen. Unterstützt jede Arbeit, die von Zuhörern verlangt zu suchen, zu schauen, zu forschen und zu finden. Die Grubenlampe eignet sich gut für Kaltakquise und Informationsrecherchen.

Die ›Gelben Seiten‹ oder ein Zugfahrplan

Wenn die Zuhörer nach Fakten suchen sollen, Beweise brauchen, die Fakten kennen sollen, bevor sie anfangen, genaues Fachwissen erwerben sollen, die Einzelheiten eines Projekts verstehen sollen. Die Größe (es sollte ein richtig dicker Wälzer sein) könnte auch dazu dienen, im Falle eines Versäumnisses, einer Verfehlung, eines Fehlers oder einer Überschreitung eine die Lachmuskeln provozierende Drohung darzustellen. Zumal es im Englischen noch die Redewendung gibt: »to throw a book after someone«, was im Deutschen so viel heißt wie »jemanden so hart wie möglich bestrafen«, und das man wörtlich mit »ein Buch nach jemandem werfen« übersetzen könnte.

Irgendein Instrument zur Überprüfung oder zur Darstellung

Vorausgesetzt, dieses Requisit ist groß genug, um es erkennen zu können (großes Geodreieck oder Metermaß), können Sie damit die Notwendigkeit zur Genauigkeit und genauem Messen verstärken. »Das, was nicht gemessen wird, das wird auch nicht getan.«

Wasserwaage

Hervorragend geeignet für eine ethische Aussage und um die Notwendigkeit eines »ebenen Spielfelds« zu verdeutlichen und den Glauben an Fairness und Gerechtigkeit zu verstärken. Wenn die Zuhörer die nötige Sorgfalt bei der Herstellung von Produkten verstehen sollen oder wenn Sie eine solide Basis aufbauen wollen.

Ziegelsteine und Felsbrocken

Tatsächlich kaufte ich einmal in einem Geschäft für Scherzartikel einen leichten Ziegelstein aus Gummi und schlug damit auf das Rednerpult ein, während ich (was nicht zu sehen war) mit meinem Fuß gegen das Pult trat, um die Zuhörer zu überzeugen, dass er echt war, und warf ihn dann plötzlich und unvermittelt ins Publikum. Ein großartiger Effekt! Benutzen Sie dieses Requisit, wenn Sie notwendige Stärke, Haltbarkeit und Zuverlässigkeit betonen möchten.

Ein großes Teleskop

Ich borgte mir eines aus einem Fachgeschäft, ließ es auf die Bühne bringen und verdeckte es mit einem schwarzen Tuch, während ich über fehlende Informationen über Märkte und Wettbewerber sprach. Dann enthüllte ich es an dem Punkt, an dem ich die Galaxie mit unserem Geschäft verglich. In ähnlicher Weise kann ein Teleskop für jede Präsentation zur Marktforschung, zu Geschäftsgeheimnissen, zu Informationen über die Konkurrenz, zu Ergebniserwartungen, zu künftigen Entwicklungen, zur Suche nach richtigen Antworten oder zu visionärer Führung genutzt werden. Ich denke, Sie könnten auch ein normales Fernglas oder ein Spielzeugteleskop aus Plastik benutzen, aber ich glaube nicht, dass das die gleiche Wirkung erzielen würde.

Ein aufblasbarer Globus

Einen aufblasbaren Globus finden Sie wahrscheinlich in jedem Spielzeuggeschäft. Ich kaufte im Wissenschaftsmuseum in London einen sehr großen Globus und ließ, während ich mit der Zusammenfassung meiner Präsentation vor einem Franchise-Reiseunternehmen beschäftigt war, die Luft entweichen. Als dann die letzten drei Minuten der Präsentation gekommen waren, hatte ich hinter der Bühne einen Helfer, der den Globus mit einer leisen elektrischen Pumpe aufblies. Der Globus wuchs und wuchs und als die Präsentation ihren Höhepunkt erreichte, konnten die Zuhörer ihre

Augen nicht mehr abwenden ... und diesen Augenblick auch nicht vergessen: Großartig! Absolut geeignet für jede Präsentation für eine Reiseagentur oder ein Reiseunternehmen, jedes Unternehmen, das sich in globalen Märkten bewegt, Zuhörer, die weltweit expandieren wollen, für internationale Partnerunternehmen, zum heißen Thema der globalen Arbeitsteilung, zur Veränderung von Wechselkursen, für internationale Transportunternehmen, für Import-Export-Unternehmen, für internationale Anwaltskanzleien, zur Zeitverschiebung zwischen den Kontinenten, über Kulturgut aus aller Herren Länder, über ethnische Gruppierungen, über globale Erwärmung.

Ein großer Strandball

Der Strandball muss aus verschiedenfarbigen Teilen bestehen. Bitten Sie die Zuhörer zu Ihrer Linken aufzuschreiben, welche Farben der Strandball hat. Bitten Sie die Zuhörer zu Ihrer Rechten aufzuschreiben, welche Farben sie sehen und danach die Zuhörer in der Mitte des Publikums. Wenn Sie den richtigen Ball haben, der rundherum andersfarbig ist, dann werden Sie feststellen, dass alle Zuhörer andere Antworten geben. Es gibt aber nur einen Ball, der unterschiedlich wahrgenommen wird. Und es gibt auch nur ein Unternehmen/eine Gemeinschaft/ein Verkaufsteam/eine Realität und so weiter und doch gibt es viele Wahrnehmungen des Berufs, der Mentalität und des Verhaltens.

Ein großes Einmachglas

Erzählen Sie den Zuhörern, das Einmachglas stelle einen 24-Stunden-Tag dar. Und vor den Augen der Zuschauer füllen Sie es nun langsam mit großen Kartoffeln, dann mit kleineren ungeschälten Erdnüssen, danach mit ungekochten Kidneybohnen, danach mit Zucker und zuletzt (wenn es noch möglich ist) mit Wasser. Nach jeder einzelnen Befüllung fragen Sie die Zuhörer, ob das Einmachglas ihrer Meinung nach bereits voll ist. Bei jeder Füllung schütteln Sie den Topf, weil Erdnüsse, Bohnen und Zucker immer noch in die Zwischenräume gelangen. Und wenn Sie das Publikum nun nach jeder Füllung fragen, ob das Glas schon voll ist, wird dies verneint werden. Zuletzt fragen Sie die Zuhörer, ob sie wüssten, was diese Demonstration zu bedeuten habe. Irgendjemand wird immer antworten, dass dies zeigt, dass man, wenn man den Tag zeitlich gut organisiert, immer noch mehr erledigen kann. Sie sollten darauf antworten, dass dies nicht das Ziel der Demonstration gewesen sei. Den Zuhörern sollte vielmehr klar werden, dass, wenn sie nicht planen, die »großen Kartoffeln«, also die wichtigen Dinge, zuerst zu erledigen, der Topf mit all den kleinen, unwichtigen Dingen irgendwann so voll sein wird, dass überhaupt kein Platz und keine Zeit für die Dinge übrig bleibt, die wirklich wichtig sind. Eine hervorragende Möglichkeit zu zeigen, wie Zeit verschwendet wird und wie man sich verzetteln kann, wenn man nicht aufpasst.

Ein altmodischer Wecker

Suchen Sie einen alten Wecker mit den beiden großen Klingeln auf der Oberseite. Manchmal findet man sie in Kuriositätenläden oder auf dem Flohmarkt. Ziehen Sie ihn auf und stellen Sie ihn so ein, dass er gegen Ende der Präsentation klingeln wird. Benutzen Sie ihn, wenn Sie das Argument einer Deadline, eines Weckrufs oder eines Aufrufs zum Handeln besonders hervorheben wollen.

Ein Gewichtheber oder eine Hantel

Bringen Sie am Ende Ihrer Präsentation einen Gewichtheber oder eine große Hantel auf die Bühne. Machen Sie ein Spiel daraus, einen begleitenden Trainingsplan vorzulesen (oder erfinden Sie einen), wie man in kürzester Zeit (innerhalb von drei Wochen) zu einem so muskulösen Körper kommen kann. Machen Sie mit (kleineren) Hanteln selbst einige Übungen und erzählen Sie dann die Geschichte über den Teenager, der solche Hanteln kaufte und innerhalb von drei Wochen alle Übungen auf dem Trainingsplan durchführte. Dann setzte er sich und schrieb dem Hersteller der Hanteln einen Brief: »Lieber Hersteller dieser Hanteln, ich bin nun mit meinem Trainingsprogramm fertig ... Bitte schicken Sie mir jetzt noch die Muskeln!« An diesem Seminar teilzunehmen oder nur zuzuhören wird nichts verändern. Um sich zu verändern, muss man etwas tun.

Ein Wackeldackel von der hinteren Ablage eines Autos

Wahrscheinlich kennen Sie diese albernen »Wackeldackel«, die manche Autofahrer auf der Hutablage ihres Autos abstellen und die während der Fahrt den nachfolgenden Fahrern immer freundlich zunicken. Besorgen Sie sich ein solches Ding und stellen es auf einen Tisch, wenn Sie auf die Bühne gehen. Sagen Sie den Zuhörern, Loyalität sei zwar schön und gut, aber sie sollten sich nicht dafür hergeben, sich zu einem Jasager machen zu lassen. »Seien Sie jemand, der etwas bewegt. Ich möchte nicht, dass Sie mir das sagen, was ich hören will. Seien Sie nicht nur ein Wackelhündchen, seien Sie kein nickender Dackel und umgeben Sie sich in Ihrem Team nicht nur mit Jasagern.« Benutzen Sie dieses Requisit, wenn Sie Kreativität und Fortschritt von einer zögerlichen, gehorsamen Gruppe fordern wollen.

Jonglierbälle

Ich benutze Jonglierbälle sehr oft. Alle Zuhörer erhalten drei Bälle, die sie behalten dürfen. Es ist großartig, einem skeptischen Publikum zeigen zu können, dass es innerhalb von 30 Minuten etwas lernen kann, was es zuvor für zu schwierig gehalten hätte. Jonglierbälle nennt man im Englischen **»Thuds«** (thud – plumpsen), weil man sie am Anfang, während man übt, noch sehr oft fallen lässt. Man kann nichts Kreatives machen, ohne dass man Fehler macht. Benutzen Sie diese Bälle, um die Leute zu lehren, wie man sich gegenseitig hilft oder wie man kreativer wird. Sie sind ein großartiges Sinnbild, wenn Aufgaben und Prioritäten jongliert werden und alle Bälle in der Luft gehalten werden müssen. Wenn der nüchtern gekleidete Redner plötzlich mitten in der Präsentation zu jonglieren beginnt, dann können Sie sicher sein, dass man sich an Sie erinnert. Sie können die Bälle auch benutzen, wenn Sie über die rechte und die linke Seite des Gehirns sprechen.

Ebenso wenn Sie über Entspannungstechniken und Stressvermeidung sprechen oder wie man mehr Spaß bei der Arbeit haben kann und weshalb Übung immer noch den Meister macht. Hier noch eine Idee – benutzen Sie Zitronen oder Kartoffeln aus früheren Übungen, wenn das Budget nicht für Jonglierbälle für alle Teilnehmer ausreicht.

Ich setze meinen Zylinder auf

Sehnsüchte und Wünsche sind die stärksten Faktoren, die durchschnittliche Präsentanten und ihre Zeitgenossen von dem gut lebenden und erfolgreichen Rest der Welt unterscheiden. Leihen Sie sich bei einem Kostümverleih einen Zylinder und einen Frack aus und ziehen Sie sich hinter einem Paravent um, während Ihre Präsentation weitergeht … vorausgesetzt Sie proben und üben, kann dieser Auftritt urkomisch wirken. Benutzen Sie für diesen Auftritt die Diskussion über eine strategische Entscheidung, in der entschieden wird, ob man in ein Hochpreissegment einsteigen soll, oder ob man ein großes Geschäft abschließen will, wenn Sie die Qualität verbessern wollen, wenn Sie nach Höherem streben oder wenn Sie die Position des Marktführers gegenüber einem billigen Nachahmer verbessern wollen. Ebenso hilft der Taktstock des Dirigenten um zu dirigieren, zu koordinieren, zu managen, Zeit zu planen, für Zeitmanagement, um den Umsatz oder das Tempo zu erhöhen und alles andere, das etwas mit dem Management von Ressourcen und Zeitplänen zu tun hat. (Einmal habe ich mir von der Fluggesellschaft Virgin Atlantic einen Sessel aus der ersten Klasse einer Boeing 747 besorgt, der auf der Bühne aufgestellt wurde, als ich ein weltweites Incentive-Programm bekanntgab, in dem auch eine Ferienwoche auf Richard Bransons (Besitzer der Airline) Nekker Island enthalten war. Das funktionierte wunderbar.)

Ein gerahmtes Bild eines berühmten Meisterwerks mit einer eindeutigen Botschaft zum Thema

Einmal benutzten wir zum Start eines Informationspakets für einen Finanzinformationsdienst mit dem Namen **The Art** (Die Kunst) eine Reihe bekannter Ölgemälde. Das künstlerische Thema zog sich durch die gesamte Promotion und Präsentation. Jeden Alten Meister überblendeten wir mit einer sehr modernen Leistung, die wir verkauften. Es war ein absoluter Knüller ... und stellte eindeutig unter Beweis, dass ein Bild mehr sagt als tausend Worte. Wenn Sie eindeutig kommunizieren wollen, dann sollten Sie immer Diagramme, Bilder und Abbildungen benutzen.

Ein Schaumschläger aus der Küche ... oder vielleicht sogar ein elektrischer Mixer

Holen Sie eines dieser Küchengeräte unter dem Tisch hervor, wenn Sie über die Mischung und Abstimmung von Ressourcen oder Menschen sprechen, über die Zusammenstellung von Teams und Arbeitsgruppen oder wenn Sie etwas aufrütteln wollen. Wenn Sie mutig genug sind, dann gehen Sie in einen »Zaubererladen« und fragen Sie nach einer sogenannten Taubenkasserolle. Das ist eine Art Pfanne mit zwei Behältnissen. So können Sie in das untere Aluminiumbehältnis alle Zutaten für einen Kuchen geben (Mehl, Eier, Zucker ...), und nachdem Sie den Deckel einige Sekunden lang auf die Kasserolle gelegt haben, nehmen Sie ihn wieder ab (lassen aber die Zutaten für den Kuchen im unteren Teil), und schon sieht man nur noch einen wohlschmeckenden Kuchen (den Sie zuvor in das obere Behältnis gelegt haben). Es ist einfach ... ich habe es auch gemacht ... mit großem Beifall. Früher sperrte man Tauben in das obere Behältnis (daher der Name), die dann nach dem erneuten Abheben des Deckels davonflogen. Doch diese Tierquälerei hat inzwischen ein Ende.

Ein Holzlöffel

Schenken Sie jedem Zuhörer am Ende der Präsentation einen solchen Löffel. Benutzen Sie ihn während Ihrer Präsentation, wenn Sie über Veränderung und Nachprüfung sprechen (etwas hinzufügen, umrühren und kosten). Sagen Sie den Zuhörern, dass, während der größte Teil der Welt die einfache »neue« Lösung sucht, die einfachsten Werkzeuge oft die besten sind. Sprechen Sie über die KISS-Methode (**K**eep **I**t **S**imple **S**tupid) und über »Multitasking«.

Ein altmodisches Telefon

Auf Flohmärkten werden Sie diese alten Telefonapparate immer noch finden, auch Kuriositätenläden bieten sie noch an. Versuchen Sie dort eines zu kaufen (oder auszuleihen). Fragen Sie, wer das Telefon erfunden hat (Alexander Graham Bell), und diskutieren Sie den ursprünglich geplanten Zweck des Telefons (um zuhause Opern und Theaterstücke hören zu können) und wie es auf der ganzen Welt zum wichtigsten Kommunikationsmittel wurde. Wie kam es zu den »Post-it-Haftnotizen«, wie zur Korrekturflüssigkeit? Fehler und Missgeschicke sind wichtig. Wie können wir mutig genug werden um sicherzustellen, dass wir genügend Fehler machen, um zu einem seltenen Erfolg zu kommen?

Eine Glühbirne

Besorgen Sie sich in einem Kuriositätenladen eine Glühlampe (die aufleuchtet, sobald Sie sie in die Hand nehmen, die aber nicht mit einer Steckdose verbunden ist). Fragen Sie die Zuhörer, wie viele Versuche Edison machte, bis sie richtig funktionierte (weit über 1000). Sprechen Sie über die Bedeutung von Ausdauer und Beharrlichkeit bei jedem erfolgreichen Vorhaben. Erinnern Sie die Zuhörer an das, was Edison sagte: »Die meisten Menschen versäumen gute Chancen, weil sie in Blaumänner gekleidet sind und wie Arbeit aussehen!«

Eine große Kelle aus Stahl oder ein schwerer Silberlöffel

Für diese langstieligen Requisiten gibt es viele Verwendungsmöglichkeiten. Sie sind gut geeignet um sicherzugehen, dass die Zuhörer, die möglicherweise versucht sind, sich eines Tages korrumpieren oder bestechen zu lassen, vorsichtig sind. Finanzielle Abhängigkeit, Zahlungen »unter dem Tisch«, werden fast immer aufgedeckt. Zitieren Sie: »Wenn man mit dem Teufel Suppe schlürft, sollte man unbedingt einen Löffel mit einem langen Stiel haben.« Oder Sie benutzen den Wert des Edelmetalls (bei einem Silberlöffel) dazu, Menschen zu inspirieren, sich niemals auf Fälschungen einzulassen.

**Eine lange Stange
(eine Bohnenstange aus einem Gartencenter)**

Holen Sie sechs bis zwölf Leute aus dem Publikum zu sich auf die Bühne. Legen Sie die lange Stange zwischen sie auf den Boden. Teilen Sie die Gruppe in zwei Hälften auf (eine Hälfte auf eine Seite und die andere Hälfte auf die gegenüberliegende Seite). Nun heben Sie die Stange hüfthoch, parallel zum Boden zwischen die beiden Hälften der Gruppe und bitten Sie alle Teilnehmer, ihren Zeigefinger auszustrecken und ihre Arme zu beugen. Und dann sollen sie die Stange zwischen sich mit dem vordersten Fingerglied halten, so dass jeder die Stange berührt. Wenn die Stange einmal stabil gehalten wird, dann bitten Sie die ganze Gruppe, die Stange auf den Boden zurückzulegen, wobei jeder mit seinem Finger in Kontakt mit der Stange bleiben soll. Zu ihrer Bestürzung werden sie feststellen, dass, vorausgesetzt, dass alle nur mit einem Finger Kontakt zur Stange haben, sich diese unaufhaltsam in die Luft bewegen wird. Wie kann das passieren? Was geschieht manchmal in Arbeitsgruppen, wenn sie gemeinsam dasselbe Ziel erreichen wollen? Weshalb entwickeln sich Dinge manchmal in die entgegengesetzte Richtung, die man gerade nicht haben wollte? Was kann man in einem Team dagegen tun?

Ein Kartenspiel

Ein Kartenspiel kann für verschiedene Zwecke verwendet werden. In Geschäften für »Zauberartikel« können Sie Kartenspiele in Übergröße erwerben. Eines der wirkungsvollsten können Sie online kaufen. Um den Trick live vorzuführen, zeigen Sie sechs verschiedene Bilderkarten in jeweils roter und schwarzer Reihenfolge (König, Dame, Bube). Bitten Sie alle Zuhörer, an eine der gezeigten Karten zu denken. Nehmen Sie dann die Karten und legen Sie diese auf ein flaches Tablett auf den Tisch (eine Schachtel tut es auch). Nach einigen Sekunden, während dieser die Zuhörer versuchen sollten, sich auf die gemerkte Karte zu konzentrieren, nehmen Sie die Karten wieder auf, halten sie so, dass die Zuhörer nur die Rückseite sehen können, und nach einigen Augenblicken entfernen Sie eine Karte. Dann zeigen Sie wieder die Vorderseiten der fünf verbliebenen Karten. Die Zuhörer werden schockiert sein, dass genau die Karte, an die sie gedacht haben, nun nicht mehr dabei ist (dabei wird kein einziges Wort gesprochen). Wie geht das? Tatsächlich ist es ganz einfach. (Sehen Sie unter www.caveofmagic.com/pickcrd2.htm nach). Das ist ein erstklassiges Beispiel dafür, dass die meisten Menschen nicht genau beobachten. Wenn Sie dem Publikum danach den Trick erklären, dann wird man Ihnen sagen, wie leicht es doch ist, sie an der Nase herumzuführen. Weshalb ist das so? Weshalb spielt diese fehlende Aufmerksamkeit für das, was vor unserer Nase geschieht, auch im Business eine so wichtige Rolle? Gibt es etwas, das wir in der Vergangenheit nicht bemerkt haben, das wir aber bemerkt haben sollten? Was könnte jetzt geschehen? Benutzen Sie Kartenspiele auch als Metapher dafür, die Karten immer nahe an der Brust zu halten, um so zu demonstrieren, wie wichtig Diskretion, Scharfsinn und kalkulierbare Risiken sind.

Eine Taschenlampe

Ein sehr gutes und vielseitiges Requisit. In meinen regelmäßigen Präsentationen über Probleme im Internethandel benutze ich sehr oft eine große und sehr hell leuchtende Taschenlampe. Weshalb verlangen bestimmte Websites immer, dass wir ein »plug-in«

suchen oder ein »flash program« installieren oder »cookies« zulassen müssen, bevor wir auf die Seite gehen dürfen? Es ist so, als ob Sie in einer Hauptstraße ein Geschäft eröffnen wollten, obwohl es schon identische Konkurrenz gibt. Bevor die Kunden Ihr (virtuelles) Geschäft betreten dürfen, müssen sie zuerst vier Minuten lang zu einem Mann gehen, um einen (kostenlosen) Schlüssel zu bekommen, mit dem sie den Laden aufschließen können. (An dieser Stelle zeige ich immer ein Bündel alter Schlüssel). Dann, bevor sie sich im Laden umsehen können und weil es in diesem Geschäft kein Licht gibt (an dieser Stelle lasse ich alle Lampen im Raum löschen), muss der potenzielle Kunde weitere vier Minuten damit verbringen, wieder die Straße entlang zu gehen, um bei einem anderen Mann (wiederum kostenlos) eine Taschenlampe zu bekommen. Ich leuchte mit der Taschenlampe in den verdunkelten Raum und frage dann, wer die ganze Zeit auf der Straße verbringen möchte, nur um diese Hilfsmittel zu bekommen, wenn es gleich nebenan bei der Konkurrenz viel bequemer geht? Sie können die Taschenlampe auch als Metapher für die »Beleuchtung« des richtigen Wegs benutzen, um die beste Richtung zu finden, um Menschen zu führen, um neue Chancen in dunklen Ecken zu entdecken, um sich auf unbekannte sonderbare Situationen einzurichten, um Fakten zu erhellen, um Licht auf Unsicherheiten zu werfen, um Gerüchte zu zerstreuen und sich von Fehlinformationen zu befreien.

Ein Papierflieger

Es gibt viele Websites, auf denen kostenlose Baupläne für Papierflieger angeboten werden. Diese Papierflieger sind wirklich sehr gut geeignet um zu betonen, dass die eben erlebte Präsentation nur der Anfang ist. Er ist nicht das ganze Programm. Ich ließ den Bauplan oft auf die Tagesordnung der Veranstaltung drucken. Am Ende meiner Präsentation – die sehr oft am Anfang einer Kampagne für einen Kundenservice oder für den Startschuss eines Produktes steht – müssen alle Teilnehmer einen Papierflieger bauen. Auf Kommando müssen alle den Papierflieger werfen, und dieser Start sieht oft wirklich großartig aus. Außer dass innerhalb weniger Sekunden all diese kleinen Flieger wieder auf dem Boden landen. Bevor wir aufhören, können die Zuhörer erkennen (die soeben noch gesehen haben, wie die anfängliche Begeisterung abklingt), weshalb ein Plan immer weiter verfolgt werden muss.

Der bestellte Zwischenrufer

Ich glaube, dies ist mein revolutionärstes Stück, wenn es darum geht, Aufmerksamkeit zu erregen. Sie können das auch – man muss allerdings ein wenig üben, aber es war ein richtiger Publikumshit. Er hat alles – Überraschung, außergewöhnliche Betonung, Wiederholung, Wettkampf, Demoralisierung, visuelle und verbale Wirkung, und er ist dabei noch äußerst einprägsam. Die Kraft eines bestellten »Maulwurfs« ist stärker als ich jemals gedacht hätte, vor allem, um die harten Fragen zu beantworten, die die Zuhörer beantwortet haben wollen. (Das muss wirklich geprobt werden!)

1997 arbeitete ich in New York und wurde von einem Unternehmen gebeten, ein neues Finanzprodukt im höchst umkämpften Markt der Finanzinformationen und Finanzdienstleistungen zu präsentieren. Die Markteinführung fand während der alljährlichen Ausstellung der Securities Industry Association statt. Das Unternehmen mit dem Produkt, das in den Markt eingeführt werden sollte, war bekannt dafür, dass es halbherzige Produkte auf den Markt brachte, doch dieses Mal glaubte man, man habe einen »Winner«. Wir konnten uns die zynischen Gedanken der Tausenden von Teilnehmern, die regelmäßig zu dieser Veranstaltung erscheinen, schon vorher denken, und schmiedeten einen Plan um sie zu beugen, anstatt gegen sie zu kämpfen.

Wir richteten eine kleine Bühne ein. Auf dieser Bühne konnten etwa 30 Personen gleichzeitig Platz nehmen, damit wir ihnen alle Details des neuen Produkts zeigen konnten. Wir stellten eine attraktive junge Schauspielerin ein, die die Moderation während der drei Tage übernehmen sollte.

Die Rückseite der Bühne war zum Rest des Ausstellungsgeländes hin offen, sodass auch weniger prominente Besucher und nicht geladene Teilnehmer die Präsentation ebenfalls verfolgen konnten. Die Dame war zuvor umfassend informiert worden und begann die Präsentation jedes Mal wunderschön.

Nach ungefähr fünf Minuten starteten wir unseren Angriff: mit dem bestellten Zwischenrufer. Dieser Mann war ebenfalls Schauspieler, in feinster Wall-Street-Manier gekleidet, genau wie alle anderen Teilnehmer. Aber das wusste niemand. Er sah so aus und hörte sich an wie einer von ihnen. Als der erste Teil der Präsentation im Gange war, wurde er immer aufgeregter. Er sprach laut mit den anderen Besuchern, die neben ihm standen, und urplötzlich, mit unglaublich feindseliger und einschüchternder Haltung, begann er, das Unternehmen verbal anzugreifen und das Produkt anzuzweifeln. Die Moderatorin sah entsprechend konsterniert aus und versuchte ihn zu ignorieren, als er immer schwierigere Fragen stellte.

Ehrenhafte Herren unter den Zuhörern, die glaubten, dies sei eine echte verbale Attacke, protestierten gegen diesen Mann und baten ihn, sich zu setzen und den Mund zu halten. Dies brachte ihn noch mehr auf und schließlich dazu, auf die Bühne zu stürmen und immer weitere kritische Fragen zu stellen – die unsere Moderatorin aber jedes Mal beantworten konnte. Es dauerte immer acht bis zwölf Minuten, bis die meisten Zuhörer kapierten, dass dies eine arrangierte Vorstellung war.

Allerdings versammelten sich bei jedem der täglich fünf Auftritte immer mehr Teilnehmer, die schon die früheren Auftritte gesehen hatten, im Hintergrund und beobachteten, wie die folgenden Zuhörer ebenfalls auf diesen Trick hereinfielen. Am Morgen des dritten Tages war die Menschenmenge, die vor der Tür auf den Beginn der nächsten Show wartete, so groß, dass die Organisatoren sich Sorgen machten, dass diese legale, aber enorm erfolgreiche Veranstaltung die Teilnehmer von den Ständen anderer Aussteller abzog.

Es ist überflüssig zu erwähnen, dass das beteiligte Unternehmen äußerst zufrieden war, und es hatte letztlich etwas, worüber es sich zu sprechen lohnte. Und so ergeht die folgende Botschaft an Sie: Wenn Sie etwas zu sagen haben, dann stellen Sie sicher, dass Sie alles nutzen, was Sie sich für Ihre Präsentation vorstellen können, damit das Ereignis für das Publikum lebendig wird.

Kapitel 7
Über Nacht wird alles gut

> Ich höre und ich vergesse. Ich sehe und ich erinnere mich.
> Ich handle und ich verstehe.
>
> *Konfuzius*

Wenn Sie überhaupt keine Zeit haben, Ihre Präsentation zu proben, dann ist das auch in Ordnung.

Kommen Sie einfach 45 Minuten bevor Sie an der Reihe sind, und ich garantiere Ihnen, Sie werden in eine blinde Panik geraten, weil Ihr Laptop mit dem Beamer auf der Bühne nicht zusammenarbeiten will. Es könnte sein, dass Sie aufgefordert worden waren, ihre Folien vorab zu schicken, auf eine CD kopiert, weil Sie als dritter Redner an der Reihe sind, es nur einen PC gibt und für den Anschluss Ihres Laptops zwischen den Präsentationen keine Zeit mehr ist.

Die beste Antwort darauf ist, den Technikern am Veranstaltungsort die Schuld zu geben. Wäre ich an Ihrer Stelle, dann würde ich auch den Veranstaltungsorganisatoren die Schuld geben, Ihrem Laptop, der Kürze der Zeit, auch den wenigen vorhergehenden Informationen, dem schrecklichen Unternehmen, für das Sie arbeiten und auch dem nichtsnutzigen Publikum, das Sie ohnehin nicht verstehen wird. Das machen Angsthasen. Und weil Sie in diesem jämmerlichen Zustand sind und alles in Panik und in letzter Minute machen wollen (obwohl Sie dieses Buch gelesen haben), sind Sie immer noch ein Angsthase.

Menschen, die einmal Angsthasen waren, aber nun »gute Redner« sind, werden inzwischen erkannt haben, dass **75 Prozent der Nervosität durch angemessene Vorbereitung verschwindet**. Die Lektüre dieses Buchs allein reicht dazu leider nicht. Das Buch bietet Ihnen eine Reihe von Hilfen, aber wenn Sie diese nicht benutzen, dann ist das für mich auch in Ordnung.

Die fehlende Generalprobe, verursacht durch fehlende Zeit und unterschätzte Bedeutung, ist nur für 5 Prozent aller Präsentationen eine faire Entschuldigung. Sogar dann, so sagt mir meine Erfahrung, sind die 5 Prozent eigentlich eher 3 Prozent oder sogar noch weniger.

Meistens macht es Geschäftsleuten nichts aus ... sie hoffen, dass dieser schreckliche, sich abzeichnende Tag der Präsentationen einfach vorübergehen wird ... und wie immer, ist dieser Tag dann tatsächlich plötzlich da, völlig unerwartet.

Die Regeln für die Proben sind sehr einfach. Haben Sie diese erst einmal zusammengestellt und Ihr gesamtes Material gesammelt, dann entscheiden Sie sich, welche Art von Notizen oder welches Manuskript Sie verwenden wollen.

Manuskript oder Notizen?

Wenn Sie keine sehr formelle Präsentation geben müssen, in der jedes Wort richtig und rechtlich überprüft worden sein muss (beispielsweise bei der Hauptversammlung einer Aktiengesellschaft), sollten Sie kein Wort-für-Wort-Manuskript verwenden.

Wenn Sie kein »Naturtalent« sind, dann wirkt das Ablesen von einem Manuskript immer hölzern und völlig monoton.

Stimmen neigen dazu, am Anfang eines jeden Satzes laut zu sein und gegen Ende ganz unterzugehen.

Um diesen »Sägezahneffekt« zu vermeiden, müssen Sie unbedingt mehrmals vor einer Videokamera üben, damit Sie sehen, wie Sie aussehen und wie Sie sich anhören, gleichgültig, ob Ihnen gefällt, was Sie sehen oder nicht. Der richtige Weg, ein Manuskript Wort für Wort von einem DIN A4-Blatt vorzutragen, wäre der folgende:

- Nummerieren Sie jedes Blatt in großer Schrift in der rechten unteren Ecke.
- Benutzen Sie eine normale Schrift.
- Benutzen Sie eine Schriftart, bei der die Wörter deutlich zu erkennen sind. Die Schrift Arial in einer Größe von 18 Punkt und in schwarzer Farbe ist normalerweise gut zu lesen, auch wenn Sie auf der Bühne sind und das Licht Sie blendet.

- Benutzen Sie nur die oberen zwei Drittel der Seite und beschreiben Sie nur die linke Hälfte der Seite (dies hält Ihre Augen an und Ihr Kopf senkt sich nicht zu weit, wenn Sie von der Seite ablesen. Das bedeutet auch, dass Sie noch viel Platz für handschriftliche Notizen in letzter Minute haben.)
- Die Zeilen sollten genügend Abstand haben. Beenden Sie einen Gedanken immer auf einer Seite, selbst wenn es nur einige Zeilen sind.
- Markieren Sie den Folienwechsel deutlich mit einem deutlichen Zeichen. Verwenden Sie kein kleines Zeichen: Sie müssen es »oben« aus Augenhöhe deutlich erkennen können. Beispielsweise ◯
- Kennzeichnen Sie Schlüsselstellen, an denen Sie Requisiten einsetzen wollen, mit einem Highlighter: Blau, rot, grün (nicht gelb, das ist zu schwierig zu erkennen) und markieren Sie diese Stelle durch geschweifte Klammern {Zeigen des Spazierstocks} oder was es auch immer sein mag.
- Verwenden Sie keine Kommata. Tippen Sie lieber eine Reihe von Punkten ... wo Sie ansonsten ein Komma einfügen würden. Das erleichtert das Sehen und macht mehr Sinn, wenn Sie später angespannt sind.
- Wenn Sie, um Wirkung zu erzielen, an verschiedenen Punkten eine Pause machen wollen, dann markieren Sie »{**Pause 1 ... 2 ... 3**}« in Klammern um zu kennzeichnen, dass Sie an dieser Stelle einhalten und langsam zählen wollen.
- <u>Unterstreichen</u> und schreiben Sie in **fetter Schrift** jeden wichtigen Punkt im Manuskript. Wenn Sie die Stimme absenken wollen, dann reduzieren Sie die Schriftgröße an der entsprechenden Stelle von 18 Punkt auf 15 Punkt. Unterstreichen Sie diesen Abschnitt und beenden Sie ihn mit einem Ausrufezeichen!
- Beenden Sie einen Satz immer auf einem Blatt und setzen Sie ihn keinesfalls auf einem neuen Blatt fort.
- Halten Sie in Ihrer Tasche immer ein Ersatzmanuskript bereit. Es könnte passieren, dass das Original zu Boden fällt oder durcheinander gerät.

- Sitzt ein Freund oder ein Kollege in der ersten Reihe, so geben Sie auch ihm ein Exemplar.
- Heften Sie alle Seiten des Manuskripts in der oberen linken Ecke zusammen.
- Ich füge im Manuskript noch eine Anmerkung hinzu: {**lächeln**} für den Fall, dass ich es vergessen sollte.

Ein Manuskript zum Ablesen sollte so aussehen:

1

The quality of mercy is
not strain'd. It droppeth
as the gentle rain from
heaven.... it is twice bless'd
upon the place beneath.
It blesseth him that gives
and him that takes.

It is mightiest in the
mightiest.
It becomes the
throned monarch mightier
than his crown.
His sceptre shows the force
of temporal power.

2

The attribute to awe and
majesty,
Wherein doth sit the
dread and fear of kings...
But mercy is above this
sceptred sway...
It is enthroned in the
hearts of kings!

It is an attribute to God
himself...and earthly power
doth then show likest God's ...
when mercy
seasons justice.

3

Therefore, Jew, ...
Though justice be thy
plea, consider this,...
That, in the course of
justice, none of us should
see salvation...
we do pray for mercy!
And that same prayer doth
teach us all to render
the deeds of mercy.

4

I have spoke thus much
To mitigate the justice of
thy plea..... which if thou
follow.... this strict court
of Venice Must needs give
sentence 'gainst the
merchant there!

END

Karteikarten

Die bei weitem beste Möglichkeit, Ihre Notizen zur Präsentation zusammenzuhalten ist eine Reihe von Karten. Die gleichen Anmerkungen für den Wechsel von Folien und andere Anmerkungen zum Wechsel von Betonungen wie in einem Manuskript sollten auch hier benutzt werden. Dieses Mal benutzen Sie Merkpunkte, die Sie daran erinnern sollen, was Sie sagen wollen, **auf keinen Fall** den ganzen Text aufnehmen!

Hier sind noch weitere zusätzliche Anmerkungen für die Karteikarten:

- Benutzen Sie Karten, die ein wenig größer sind als die normalen Postkarten ... Eventuell in DIN A5 ... Die meisten Schreibwarenhändler verkaufen sie in Päckchen zu 100 Stück.
- Benutzen Sie die Karten im Hochformat, weil Sie die Karten dann besser in der Hand halten können.
- Nummerieren Sie die Karten in der rechten unteren Ecke.
- Stanzen Sie jeweils ein Loch in die obere linke Ecke und fädeln Sie ein Band locker durch die Löcher, um die Karten zusammenzuhalten.
- Benutzen Sie Stichpunkte und nicht ganze Absätze.

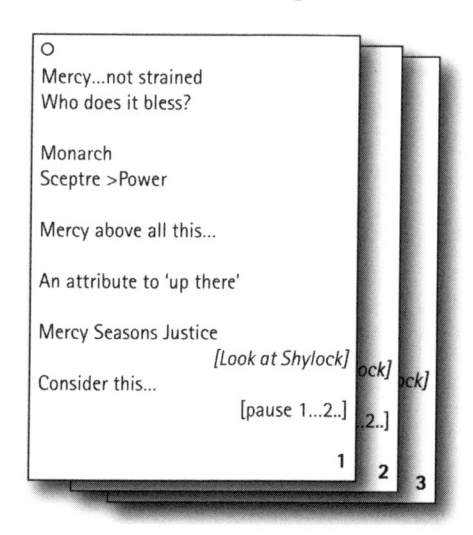

```
O
Mercy...not strained
Who does it bless?

Monarch
Sceptre >Power

Mercy above all this...

An attribute to 'up there'

Mercy Seasons Justice
            [Look at Shylock]
Consider this...
                [pause 1...2..]
                                1
```

- Bedrucken Sie die Karten in den Schriftgrößen 18 und 15 Punkt, weil das einfacher zu lesen ist. Wenn Sie die Karten handschriftlich beschreiben, dann versuchen Sie gut leserlich und mit normaler Schrift zu schreiben.

Regeln für die Proben

Diese Regeln sind ganz einfach:
1. Gute Redner proben ihre Vorträge mindestens *dreimal*.
2. Sie proben die Reden immer *laut* und nicht nur im Kopf.
3. Sie proben immer mit *all ihren Folien und Requisiten*.
4. Sie nehmen ihre Proben fast immer per Video auf.
5. Sie suchen immer einen Kollegen, der zusehen und ein *kritisches (aber konstruktives) Feedback* geben soll.
6. Sie proben immer einmal *am Ort der Präsentation*.
7. Sie überprüfen vom hinteren Ende des Vortragssaals, ob ihre Folien und Requisiten gut gesehen werden können.
8. Sie versuchen am tatsächlichen Ort der Präsentation noch am *Vortag* zu proben, falls noch ausreichend Zeit dafür zur Verfügung steht.
9. Sie kommen immer schon *vor allen anderen* Rednern rechtzeitig zum Veranstaltungsort um zu prüfen, ob alles richtig funktioniert, besonders dann, wenn sie ihre *eigene Ausrüstung mit anderen Teilen kombinieren müssen*.
10. *Sie wissen, dass Proben 75 Prozent der Nervosität von Angsthasen beseitigt.*

Und zum guten Schluss: Fragen und Antworten

Wenn Sie bei der Zusammenfassung Ihrer Rede Fragen zulassen, dann halten Sie sich an die folgenden Richtlinien:

- Beantworten Sie die Fragen ehrlich und immer mit einem Lächeln, auch wenn es schwierig zu beantwortende Fragen sind.

- Wenn Sie die Antwort nicht kennen, dann sagen Sie: »Die Antwort darauf kenne ich nicht. Ich werde sie aber herausfinden und wieder auf Sie zukommen.« (Und dann **tun** Sie das auch.)
- Wie schwierig die Frage auch immer sein mag, lächeln Sie und sagen: »Das ist eine ausgezeichnete Frage.«
- Wenn jemand immer wieder auf eine Frage zurückkommen möchte, so heben Sie Ihre Hand und (wenn Sie können) gehen nickend auf ihn zu und sagen: »Ja, das ist ein wichtiger Punkt. Leider habe ich heute keine Zeit, noch detaillierter darauf einzugehen. Ist es in Ordnung wenn wir das unter uns besprechen? {Machen Sie keine Pause, lächeln und nicken Sie weiter} … Vielen Dank.« Sehen Sie danach auf die Zuhörer und sagen »ich habe noch Zeit für eine einzige Frage«. (Pause) … Wenn es keine Fragen mehr gibt … dann fassen Sie noch einmal zusammen und beenden den Vortrag.
- Streiten Sie niemals mit einem der Zuhörer. Die Zuhörer sind Ihre (potenziellen) Kunden, und Kunden haben immer Recht.

Kapitel 8
Vom Umgang mit pathologisch schwierigen Menschen

> Wenn Sie Erfahrungen im Umgang mit schwierigen Menschen sammeln wollen, dann sollten Sie Kinder haben.
>
> Bo Bennet

Gelegentlich wird es im Rahmen Ihrer Präsentationen, besonders bei Präsentationen im eigenen Unternehmen, bei denen viele Leute unter den Zuhörern sind, die Sie »kennen«, immer einige geben, die Sie als legitimen Gegner betrachten – als ein potenzielles Opfer, mit dem man kämpfen kann wie ein Gladiator im römischen Kolosseum. Ganz besonders dann, wenn der »Big Boss« oder eine politisch einflussreiche Persönlichkeit im Saal ist, werden diese Menschen bemüht sein, Punkte für sich selbst zu sammeln, indem sie Ihnen schwierige Fragen stellen. Das ist eigentlich in Ordnung und durchaus kontrollierbar.

Erstens stellen Sie sicher, dass Sie daran denken dass a) Grobiane im Allgemeinen Feiglinge sind und b) 99 Prozent der Menschen öffentliche Bloßstellungen hassen und fürchten (genau deshalb sind solche Präsentationen die größte Angst leitender Persönlichkeiten).

Wenn Sie über ein schwieriges Thema sprechen müssen, und wenn Sie wissen, dass wahrscheinlich negative Gefühle aufkommen werden, die am Ende zu einer oder zwei »überraschend« schwierigen Fragen führen werden, dann können Sie Ihre Präsentation vielleicht einfach schon mit diesem Punkt beginnen.

»Meine Damen und Herren. Im vergangenen Jahr haben wir nicht den Absatz erzielt, den wir uns vor zwölf Monaten vorgestellt haben. Die geplante Nachfrage wurde nicht erzielt und Sie erhielten nicht den Zuwachs an Provisionen, den Sie erwartet haben. Also können Sie ver-

ständlicherweise fragen, weshalb Sie überhaupt bei diesem Unternehmen bleiben sollten. Die Antwort ist einfach: Die kommenden sechs Monate werden brillant sein. Im Verlauf der nächsten 20 Minuten werde ich Ihnen zeigen, weshalb Ihre Entscheidung, bei uns zu bleiben, Ihr Leben mehr verändern wird als Sie es sich jemals vorstellen könnten.«

Mehr als einmal habe ich aus den Augenwinkeln beobachtet, wenn ich mit dieser Strategie die Präsentation begonnen habe, dass meinem erwarteten Gegner regelrecht die Gesichtszüge entglitten. Ihr »Target« könnte gegen Ende immer noch einmal aufstehen, aber sicherlich würde er nicht die Wirkung erzielen, die er erreicht hätte, wenn Sie dieses Thema zuvor gemieden hätten.

Und so kann ein wenig Vorausplanung eine ansonsten schwierige Situation im Vorhinein zerstreuen. Ganz besonders wichtig ist es, was auch immer Sie präsentieren müssen, dass Sie alle Fragen vorausahnen, die Ihnen gestellt werden könnten – selbst die gemeinsten Fragen, und hoffen Sie nicht, dass niemand fragen wird … Gehen Sie davon aus, dass der »klinisch schwierige Mensch« sie stellen wird. Bereiten Sie sich auf »Fragen und Antworten« vor – so gut Sie können!

Andererseits sollten Sie nicht den Fehler machen, den die Nachrichtenagentur Reuters beging, für die ich damals arbeitete, als ich die ersten Jahresergebnisse nach der Aktienemission an der Londoner Börse präsentierte. Die Abteilung für Investor Relations bereitete gewissenhaft eine außerordentlich detaillierte interne Liste von Fragen und Antworten für den Marketingvorstand vor, damit er sie während der Präsentation benutzen konnte. Dann machte jemand versehentlich 300 Kopien, die den Paketen mit den Presseinformationen beigelegt wurden, die jedem Journalisten und Aktionär ausgehändigt wurden. Das bedeutete, dass alle eine Liste mit den höchst enthüllenden Fragen erhielten, an die niemand gedacht hätte, sie überhaupt zu stellen. Das war kein guter Schachzug.

Wenn Sie an den Punkt kommen, an dem diese beharrliche und schwierige Person eine Frage stellen könnte, dann denken Sie an eine sehr wichtige Sache. Allein die Tatsache, dass Sie der Redner sind und normalerweise höher stehen, hebt Sie, im Vergleich zu den Zuhörern, in eine starke psychologische Position. Denn nun haben Sie das Sagen … Sie sind »der Papa«.

Wenn Sie also die Person sind, die derzeit das Sagen hat, dann haben Sie auch die Kontrolle über die Zuhörer. Eine der besten Möglichkeiten, mit einem »klinisch schwierigen Menschen« umzugehen, ist, ihn einfach zu ignorieren und schlicht nicht zur Kenntnis zu nehmen, dass er sich überhaupt gemeldet hat.

Vor einigen Jahren besuchte ich eine Präsentation, bei welcher der Redner mit den »Fragen und Antworten« sehr schlecht umging. »Herr Schwierig« erhob während der Präsentation mehrmals seine Hand, um dem Redner eine Frage zu stellen. Und wirklich jedes Mal ging der Redner auf die Frage ein, auch wenn es eine irrelevante oder schwierige Frage war. Oft wollte »Herr Schwierig« sich nur wichtig machen und stellte gar keine Frage. Die Zuhörer wurden immer verwirrter, wenn er sprach, und auch der Redner wurde unruhig, aber er antwortete weiterhin und schwafelte verwirrte Antworten auf die Fragen.

Er hatte ohne guten Grund die Kontrolle völlig an diesen Zuhörer abgegeben. Der Redner hätte ihn nach seiner ersten unangemessenen Frage nicht mehr weiter beachten sollen. Glauben Sie mir, im Regelbuch für Redner steht nirgendwo geschrieben, man müsse jeden beachten, der seine Hand hebt. Sie müssen kontrollieren, wem Sie eine Frage einräumen, und Sie dürfen sich von niemandem die Kontrolle aus der Hand nehmen lassen.

Als Redner haben Sie viele Möglichkeiten einen schwierigen Zuhörer von vorneherein unter Kontrolle zu halten.

Ignorieren Sie sie

Sie können ganz einfach entscheiden, dieser chronisch schwierigen Person keine Frage zu erlauben. (Das nennt man im Englischen die »Cat-String Theory«. Dieser Begriff meint, dass man eine Katze neckt, wenn man ihr an einer Schnur befestigtes Spielzeug vor die Nase wirft und dann, wenn sie nach dem Spielzeug greifen will, es schnell wegzieht. Katzen lieben dieses Spiel. Sobald man aber die Schnur fallen lässt und sich wegdreht, wird sie sofort das Interesse an diesem Spiel verlieren.)

Setzen Sie Grenzen

Sie können schon zu Beginn Ihres Auftritts sagen: »Angesichts der knappen Zeit und weil möglichst alle Zuhörer die Gelegenheit bekommen sollen, eine Frage zu stellen, wäre ich Ihnen dankbar, wenn Sie sich auf nur eine Frage pro Person beschränken würden. Vielen Dank.

Bitten Sie darum, die Fragen aufzuschreiben

Sie könnten sagen: »Ich bin sicher, dass einige unter Ihnen viele Fragen haben, doch haben wir nicht die Zeit, sie alle zu beantworten. Würden Sie bitte Ihre Fragen aufschreiben, vielleicht auf der Rückseite Ihrer Visitenkarte? Ich werde veranlassen, dass jemand die Fragen einsammelt ... Danke. Ich werde am Ende versuchen, möglichst viele Fragen zu beantworten, vorausgesetzt wir haben ausreichend Zeit.«

Vertrösten Sie

Sie könnten sagen: »Ja James ...« (sagen Sie immer »ja«) **oder** »Darf ich Sie um Ihren Namen bitten? James Brown? Gut, Herr Brown, Sie haben einige sehr gute Fragen, aber wir haben heute nur begrenzt Zeit und können nicht alles besprechen. Würde es Ihnen etwas ausmachen, mir Ihre anderen Kommentare später zukommen zu lassen ... vielen Dank.« Oder: »John, das ist ein wichtiger Punkt und ich möchte Ihnen die richtige Antwort geben. Könnten wir das später unter vier Augen besprechen? ... Danke.« Während Sie ihn fragen, ob er damit einverstanden ist, nicken Sie mit Ihrem Kopf auf und ab. Das wird ihn dazu bringen, ebenfalls zustimmend zu nicken.

Machen Sie es wie die Politiker

Sie können allerdings auch etwas von unseren politischen Koryphäen lernen. Politiker wissen genau, worüber sie sprechen wollen

... und worüber nicht. Immer wenn ihnen im Rahmen einer öffentlichen Veranstaltung ein »schwieriger« Wähler oder Journalist eine Frage stellt, bleiben sie bei ihren »Waffen« und beantworten die Frage etwa so:

»Ja ... Sie stellen eine sehr gute Frage zur Finanzierung des Gesundheitswesens ... dafür vielen Dank. Und genau das wirft die wichtigere Frage auf, wie wir die Renten und auch die Sozialversicherung finanzieren sollen. Zählt man das zusammen, so haben sich im letzten Jahr die Ausgaben für diese und die damit in Verbindung stehenden Programme ebenso erhöht, wie wir es bereits vor über zwei Jahren voraussagten, und damit um den doppelten Betrag, der von der Opposition antizipiert wurde.«

Mit anderen Worten: Während Sie anscheinend auf die schwierige Frage eingehen, sind Sie dieser sehr elegant aus dem Weg gegangen und haben eine Frage beantwortet, die Ihnen angenehmer war.

Seien Sie grausam

Letztlich, wie ich schon zu Beginn des Kapitels sagte, werden die meisten Zwischenrufer von Feigheit und Angst beherrscht. Sie sind so froh, dass Sie es sind, der da oben auf der Bühne steht und nicht sie selbst. Denken Sie also immer daran, dass es eine sehr gute Möglichkeit ist, sie zur Ruhe zu bringen, wenn Sie sie verbal ganz groß ins Rampenlicht stellen. Wenn Sie bemerken, dass sich jemand ständig meldet, dann sagen Sie: »Ja, mein Herr ... ja, hinten im Saal ... es tut mir leid, aber ich konnte Ihren vollen Namen nicht verstehen.« (Wiederholen Sie den Namen.) »Und für welches Unternehmen oder für welche Abteilung arbeiten Sie?« (Wiederholen Sie die Antwort) »Und welche Frage haben Sie?« (Wiederholen Sie auch die Frage.)

Dieses ganze Getue ist nicht das schnelle »Rein und Raus«, in dem die »chronisch Schwierigen« sich wohlfühlen. Wenn sie es noch einmal versuchen, dann sagen Sie: »Ja, Herr James Brown, wieder da hinten im Saal ...« Sie werden feststellen, dass Ihnen niemand mehr danach irgendwelche Schwierigkeiten bereiten wird.

Sie dürfen es nicht zulassen, dass ein Zuhörer die Veranstaltung für alle ruiniert. Ich sage nicht, dass Sie grob mit ihm umgehen sollen. Aber Sie müssen daran denken, dass die anderen Zuhörer erkennen werden, dass diese schwierige Person wirklich schwierig ist, und sie werden Ihnen mehr Respekt entgegenbringen, wenn Sie mit dieser Situation selbstbewusst und effektiv umgehen. Die meisten Zuhörer wollen nämlich ebenfalls keine »schwierigen Menschen« hören.

Über den Autor

Bob Etherington hat sich seinen Ruf als erfolgreicher Verkäufer seit den 1970er-Jahren kontinuierlich aufgebaut, indem er eine Karriere verfolgte, die viele globale Schlüsselmärkte umfasste.

Kurz nach dem Beginn seiner verkäuferischen Laufbahn im Jahre 1970 bei Rank Xerox in London warben Headhunter ihn für die Grand Metropolitan Hotels ab, dann wurde er Broker an der Londoner Börse. Anfang der achtziger Jahre wechselte er zu Reuters, dem führenden Anbieter von internationalen Nachrichten und Finanzinformationen, und wurde 1990 Vorstandsvorsitzender der Handels-Dienstleistungsabteilung. 1994 ging er nach New York, um die Schlüsselkunden-Strategien für US-Banken zu leiten. Die internationalen Verkäufe von Reuters an diese Kunden nahmen rapide zu; daraufhin wurde Bob dazu bestimmt, professionelle Verkaufsschulungen für das gesamte Unternehmen abzuhalten.

Im Jahr 2000 verließ Bob Reuters zugunsten der Expansion von SpokenWord Ltd., einem Londoner Unternehmen für Verkaufsschulungen, das er bereits zuvor mit seinem Geschäftspartner Frances Tipper gegründet hatte.

Heute bietet er Verkaufs- und Verhandlungslehrgänge für viele internationale, renommierte Kunden an und ist als inspirierender und charismatischer Redner bei Geschäftskonferenzen auf der ganzen Welt gefragt. Außerdem baute er einige erfolgreiche Unternehmensbeteiligungen in den USA auf.

Präsentieren für Angsthasen. Bob Etherington
Copyright © 2011 WILEY-VCH Verlag GmbH & Co. KGaA, Weinheim
ISBN: 978-3-527-50561-6

Bob ist der Verfasser der äußerst erfolgreichen Bücherreihe mit den Titeln *Kaltakquise für Angsthasen*, *Präsentieren für Angsthasen*, *Verhandeln für Unschuldslämmer* und *Verkaufsgeschick für Grünschnäbel*.

Wenn Sie Kontakt mit Bob aufnehmen möchten, können Sie das gerne über seine Website tun:

www.bobetheringtongroup.com

Trauen Sie sich!

BOB ETHERINGTON

Kaltakquise für Angsthasen

2008. 153 Seiten. Broschur.
ISBN: 978-3-527-50379-7
€ 14,90

Kaltakquise, Vertreterbesuche, oder unangemeldete Kundenanruf – sind mitunter die größten Ängste aller Geschäftsleute, insbesondere für jene aus den Bereichen Marketing, Vertrieb und Verkauf. Dennoch, Kaltakquise ist und bleibt ein unvermeidbares Element des Verkaufens. Wie sonst soll der Verkäufer es schaffen, Menschen auf ein besonderes Produkt aufmerksam zu machen.

Dieses Buch zeigt die ersten wichtigen Schritte im Umgang mit komplett Unbekannten. Das Geheimnis liegt bereits in der Vorbereitung des ersten Kontakts. Kaltakquise für Angsthasen geht nicht davon aus, dass das Talent zur unangemeldeten Kundenansprache jedem Verkäufer in die Wiege gelegt wurde, sondern es versetzt sie mit praxisnahen und erprobten Lösungen in die Lage mit genügend Selbstvertrauen zum Hörer zu greifen. Mit geeigneten Mitteln subtiler Gesprächsbeeinflussung garantiert der Autor, dass auch der ängstlichste Anrufer sich bald wie ein Experte auf dem Gebiet der Kaltakquise fühlen wird.

Wiley-VCH
Postfach 10 11 61 • D-69451 Weinheim
Fax: +49 (0)6201 606 184
e-Mail: service@wiley-vch.de • www.wiley-vch.de

WILEY-VCH

Werden auch Sie zu einem routinierten Hasen im Verkauf!

BOB ETHERINGTON

Verkaufsgeschick für Grünschnäbel

2009. 160 Seiten, 15 Abbildungen.
Broschur.
ISBN: 978-3-527-50462-6
€ 14,90

Unterhaltsam und praxisorientiert präsentiert Bob Etherington grundlegende Fertigkeiten für Vertrieb und Verkauf. Dabei richtet sich Verkaufsgeschick für Grünschnäbel gerade auch an die Menschen in Unternehmen, die bisher noch nicht professionell auf die Arbeit im Verkauf vorbereitet wurden.

Basierend auf seiner zehnjährigen Erfahrung als Verkaufstrainer unterstützt Bob Etherington Grünschnäbel im Verkauf dabei, jede Stufe im Verkaufsprozess erfolgreich zu meistern.

Durch viele Anleitungen, Beispiele und die nötige Praxisnähe sorgt Bob Etherington für frischen Wind im Verkauf und ermöglicht es allen Verkaufsanfängern in kürzester Zeit Fertigkeiten zu erlernen, die schließlich für den entscheidenden Unterschied im Verkauf sorgen.

Wiley-VCH
Postfach 10 11 61 • D-69451 Weinheim
Fax: +49 (0)6201 606 184
e-Mail: service@wiley-vch.de • www.wiley-vch.de

WILEY-VCH

Verhandeln kann jeder lernen!

Bob Etherington
Verhandeln für Unschuldslämmer

BOB ETHERINGTON

Verhandeln für Unschuldslämmer

2009. 150 Seiten, ca. 8 Abbildungen. Broschur.
ISBN: 978-3-527-50489-3
€ 14,90

Erkennen Sie typische Verhandlungsfehler, entlarven Sie Killerphrasen und machen Sie mehr aus Ihren Verhandlungsmöglichkeiten!

Bob Etherington zeigt in seinem neuesten Buch in gewohnt unterhaltsamer Manier, dass Verhandeln nichts anderes ist als ein Spiel, bei dem es gilt bestimmten Regeln zu folgen und immer einen Plan B in der Tasche zu haben.

Gewinnen kann nur, wer sein menschliches Gegenüber wahrnimmt und dessen Beweggründe und Interessen hinterfragt.

Ob es sich um die nächste Gehaltsverhandlung oder einen Streit in Ihrer Familie handelt, – wenn Sie bei der richtigen Einstellung anfangen und der Anleitung des Verhandlungstrainers Bob Etherington folgen, werden Sie aus der nächsten Verhandlung garantiert als Sieger hervorgehen.

Wiley-VCH
Postfach 10 11 61 • D-69451 Weinheim
Fax: +49 (0)6201 606 184
e-Mail: service@wiley-vch.de • www.wiley-vch.de

WILEY-VCH